# 中国城市低碳发展
# 理论与规划实践

王海鲲　刘苗苗　毕　军　邢贞成　著

科学出版社

北　京

## 内 容 简 介

为了有效避免气候变化的灾难性影响，全球碳排放必须尽早达峰，并在 21 世纪中叶左右实现碳中和。城市贡献了全球化石燃料排放二氧化碳的 70%以上，同时居住着全球一半以上的人口，聚集了世界上大部分的固定资产和经济活动，使得城市既是气候变化的主要驱动因素和受害者，也是应对气候变化的领导者。本书聚焦气候变化减缓与应对的关键因素——城市，系统介绍低碳城市发展理论和研究方法，城市的碳排放特征及社会经济驱动因素，以及中国城市低碳发展规划实践，并且结合国内外低碳城市建设经验，对我国未来低碳城市建设提出展望。

本书可供气候变化、能源与环境管理等相关专业领域的高校师生、研究人员和政府管理人员阅读参考。

**图书在版编目（CIP）数据**

中国城市低碳发展理论与规划实践/王海鲲等著. —北京：科学出版社，2022.3

ISBN 978-7-03-071839-6

Ⅰ.①中…　Ⅱ.①王…　Ⅲ.①城市经济-低碳经济-经济发展-研究-中国　Ⅳ.①F299.21

中国版本图书馆 CIP 数据核字(2022)第 040040 号

责任编辑：黄　梅/责任校对：杨聪敏
责任印制：张　伟/封面设计：许　瑞

**科 学 出 版 社** 出版

北京东黄城根北街 16 号
邮政编码：100717
http://www.sciencep.com

**北京九州迅驰传媒文化有限公司** 印刷
科学出版社发行　各地新华书店经销

*

2022 年 3 月第 一 版　开本：720×1000　1/16
2024 年 1 月第二次印刷　印张：10 1/2
字数：210 000
**定价：109.00 元**
(如有印装质量问题，我社负责调换)

# 前　言

气候变化已经成为威胁人类生存和发展的巨大挑战，对全球生态环境的影响越来越凸显，而人类活动产生的大量碳排放所导致的温室效应被认为是其主要成因。2020年，全球由于化石燃料燃烧排放了约350亿t的二氧化碳，大气中的二氧化碳浓度达到了415ppm，比工业革命前上升了近一半。为了避免气候变化带来的灾难性影响，必须将全球平均气温增幅控制在1.5℃范围内（相对于工业革命前），这一观点正逐渐成为国际社会的共识。为了实现这一目标，世界大部分国家在一系列国际气候谈判的有力推动下，纷纷提出了各自减缓气候变化的国家自主贡献，并采取了相应的减排措施。我国政府提出二氧化碳排放量力争于2030年前达到峰值，努力争取2060年前实现碳中和，彰显了中国积极应对全球气候变化、走绿色低碳发展道路的坚定决心。

城市居住着全球一半以上的人口，是社会经济活动和创新活动高度集中的区域，贡献了全球化石燃料排放二氧化碳的70%以上。中国的城市化率在2011年首次超过50%，截至目前已经超过了60%，预计到2030年将超过70%。城市化在促进我国经济增长的同时，也改变了人们的生产和生活方式，城市居民的人均能耗水平相当于农村居民的2～3倍。与此同时，快速的城市化进程也促进了城市的能源、交通、建筑等基础设施建设，这些基础设施一旦建成，会存在较长时间，形成所谓的"锁定效应"，可能对我国优化能源结构和实现减排目标造成巨大阻力。可见，无论是从实现全球平均气温增幅控制在1.5℃或者2℃目标来看，还是从落实国家碳达峰、碳中和的战略出发，城市都是应对气候变化的关键阵地。

2009年哥本哈根气候变化峰会以来，我国加快了低碳城市建设，分别于2010年、2012年和2017年分三批开展了国家低碳城市试点工作。由于了解城市碳排放水平现状及趋势是开展低碳城市建设的前提，我国城市碳排放研究也逐渐兴起，并在近十年得到快速发展。自2010年以来，本书作者在国家重点基础研究发展计划（973计划）"全球不同区域陆地生态系统碳源汇演变驱动机制与优化计算研究"（2010CB950700）和国家重点研发计划"基于多源卫星遥感的高分辨率全球碳同化系统研究"（2016YFA0600200）等项目的连续支持下，针对中国低碳城市规划与建设相关问题，开展了系统深入的研究，重点围绕城市低碳发展理论与方法、国内外城市低碳发展经验、中国城市碳排放特征及其社会经济驱动因素、中国典型城市低碳发展规划等方向，积累了翔实的基础数据和丰富的研究成果。

本书正是基于上述背景和研究成果，经过进一步的扩展和完善形成。本书从

2013 年开始筹备，到 2021 年最终完成，历时八年，研究课题组刘苗苗（现为南京大学环境学院副教授）、孙尧光、张荣荣、蒋苏秦、马小林、刘逸凡等多位研究生参与了本书相关研究和文本整理工作。相关研究工作得到了南京大学国际地球系统科学研究所的陈镜明教授和居为民教授的指导和大力支持，在此特别致谢。同时，也对所有对本书出版给予过帮助的师长、同事、学生和科学出版社的编辑致以衷心的感谢！

　　由于本书的涉及面广，限于我们的专业知识和学术水平，疏漏和不足之处在所难免，敬请广大读者批评指正。

王海鲲

2021 年 12 月

# 目　　录

# 第 1 章　绪　　论

全球气候变化已经成为威胁人类生存和发展的巨大挑战，对全球生态环境造成越来越严重的影响，而人类工业活动产生的大量碳排放所导致的温室效应被认为是其主要成因。面对全球气候变化，在一系列国际气候谈判的有力推动下，世界各国纷纷采取积极的减排措施。我国提出二氧化碳排放量力争于 2030 年前达到峰值，努力争取 2060 年前实现碳中和，彰显了中国积极应对气候变化、走绿色低碳发展道路的坚定决心。城市中居住着全球一半以上的人口，是社会经济活动和创新活动高度集中的区域，贡献了全球化石燃料排放二氧化碳的 70% 以上，因而城市是实施应对和适应气候变化政策的重要阵地。

## 1.1　气候变化与温室气体排放

### 1.1.1　气候变化事实

气候是人类生存和发展所依托的外在环境的重要组成部分，人类和地球上其他生命的存在都依赖于适宜的气候环境。气候是气候系统的全部组成部分在任一特定时段内的平均统计特征。气候变化则是指气候平均值和气候离差值出现了统计意义上的显著变化，它不仅仅表现为单一气象要素的变化，如平均气温、平均降水量、最高气温、最低气温等，其实质还反映了整个气候系统的变化，比如海平面变化、生物多样性受损以及极端天气事件等（Karl and Trenberth, 2003）。人们常说的全球变暖就是气候变化的重要表现之一。

气候变暖是不争的事实，自 20 世纪 50 年代以来，观测到的许多变化或者变化幅度在以往几十年或几百年都没出现过，如海平面上升、冰川融化等（IPCC, 2014）。工业革命以来，人类活动相关的温室气体（greenhouse gas, GHG）排放导致大气层中的二氧化碳（carbon dioxide, $CO_2$）、甲烷（methane, $CH_4$）和一氧化二氮（nitrous oxide, $N_2O$）的浓度都显著升高（图 1-1）。1750~2011 年，人为源累计排放到大气中的 $CO_2$ 量为（880±35）Gt[①]。2020 年，全球二氧化碳浓度达历史新高，达到 415 ppm[②]，比工业化前（1850~1900 年平均值，~280 ppm）高出近 50%。根据美国国家海洋和大气管理局研究报告，2020 年全球平均表面温度

---

① 1 Gt=10 亿 t。

② ppm（parts per million）表示百万分比浓度，1 ppm=0.0001%。

比工业化前水平高（1.1±0.1）℃，为有现代气象观测记录以来第二高（最高年份出现在 2016 年），而且过去 5 年也是有观测记录以来最暖的 5 年。

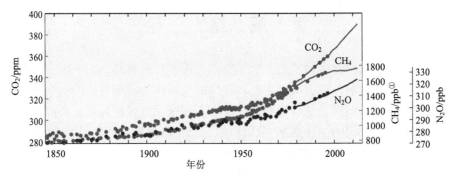

图 1-1　全球平均温室气体浓度变化

　　如图 1-2 所示，1901 年以来全球地表温度呈现显著上升趋势，特别是 20 世纪 70 年代以来上升速率进一步加快。2002～2011 年全球地表温度的 10 年平均值比 1961～1990 年的平均值高 0.46℃，比 20 世纪最暖的 10 年（1991～2000 年）高 0.21℃。在 1901～2010 年间，全球各地降水量没有一致的趋势变化，全球海平面平均上升 190 mm，海洋表层 pH 降低。最新检测和归因研究表明：1951～2010

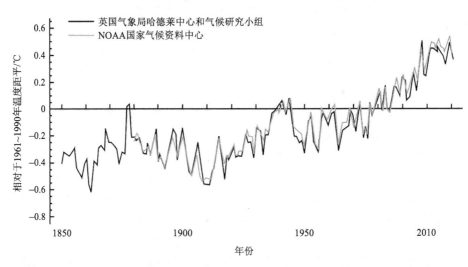

图 1-2　1850～2011 年全球地表年平均温度距平变化（相对于 1961～1990 年平均值）

图片来源：《应对气候变化报告（2012）》

① ppb（part per billion），是一个无纲量，表示十亿分比浓度（1/10 亿，$10^{-9}$）。

年全球平均变暖约 0.7℃，大部分可归因于人类活动（其中温室气体排放的贡献为
0.5～1.3℃，气溶胶等其他人为强迫的贡献为–0.6～0.1℃）。全球气候系统几乎各
个部分都可检测到人类影响，特别是工业化以来，与太阳和火山活动等相关的自
然强迫在量值上远小于以大气温室效应增强为代表的人为强迫。

气候变化已经对中国产生了广泛的影响。《第三次气候变化国家评估报告》
（2015）发布的数据显示，近百年来（1909～2011 年）我国陆地区域平均增温 0.9～
1.5℃；最近五六十年，全国年平均气温上升速率约为 0.21～0.25℃/10a，增温幅
度高于全球平均水平。中国北方区域增温大于南方，冷季大于暖季，夜间大于白
天。近十五年来，中国平均气温上升趋势有所减缓，但仍然处于百年来气温最高
的阶段；变暖趋缓现象在最低和最高气温变化上均有表现，但夜间的增暖停滞现
象更明显，冬季升温趋缓现象更为突出；北方和东部地区冬季平均气温上升明显
趋缓甚至转而下降，而青藏高原增暖趋缓现象不显著。

近百年来，全国平均年降水量未发生显著的趋势性变化，但具有明显的年代
际变化与区域分布差异。全国蒸发量普遍减少，七大流域径流呈减少趋势。东北
南部、华北地区、华中西部和西南地区降水量减少，华南、东南、长江下游降水
量增加，青藏高原和西北地区降水量也有所增加。中国绝大部分地区水面蒸发呈
减少趋势，西北地区减少量最大。1961～2012 年，中国十大一级水资源分区径流
总量除东南诸河、西南诸河和西北内陆河表现为增加趋势外，其余流域均表现为
减少趋势（吴绍洪和赵宗慈, 2009）。

近几十年来，中国大范围的冰川、冻土和海冰面积都呈现出明显的减小趋势。
尽管过去三十年积雪面积无显著变化，但全国积雪水当量总体显示微弱增加趋势，
其中青藏高原、西北地区显著增加，东北明显下降。从 20 世纪 60～70 年代至 21
世纪初，中国冰川面积退缩了 10.1%，约 92% 的冰川作用区存在不同程度的脆弱
性，且强度和极强度脆弱区面积占研究区总面积的 41%。1980～2019 年，中国沿
海海平面上升速率为 3.4 mm/a（图 1-3），高于全球海平面平均上升速率。过去 50
年来，中国近海的海表温度有较明显的升高趋势，特别是 20 世纪 80～90 年代呈
现稳定快速的增温，但 1998 年以来渤海、黄海和东海的增温趋势减缓。

中国区域极端天气气候事件发生频率增加（表 1-1），区域持续性高温发生频
次、强度和影响面积在 20 世纪 90 年代后由以前的略呈减少趋势变为显著增加趋
势。自 20 世纪 50 年代开始，中国的平均极端最低气温呈明显上升趋势，与低温
相关的极端事件强度和发生频率明显减少，区域性极端低温事件发生频次有明显
的逐年下降趋势。中国极端强降水日数、极端降水强度和极端降水量都有增强趋
势，极端降水事件趋多（郝祥云等, 2017）。

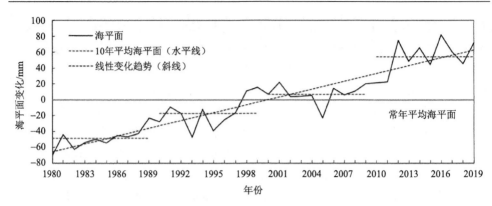

图 1-3　1980～2019 年中国沿海海平面变化
图片来源：《2019 年中国海平面公报》

表 1-1　影响中国的各种极端天气气候事件指数的变化趋势及其确定性描述

| 极端天气气候事件指数 | 变化趋势 | 确定性 |
|---|---|---|
| 霜冻 | 霜冻日数显著减少 | 确定 |
| 高温热浪 | 高温热浪出现次数年代际变化明显，90 年代中期以来，高温热浪频繁发生 | 可能 |
| 极端性强降水 | 强降水事件在长江及其以南地区趋强趋多；华北强度减弱，频数明显减少；西北西部趋于频繁 | 很可能 |
| 连阴雨 | 东部连阴雨日数显著减少，西部略有增加 | 可能 |
| 大风 | 大风日数趋于减少 | 可能 |
| 热带气旋 | 生成和登陆的热带气旋呈减少趋势 | 可能 |
| 冰雹 | 冰雹日数趋于减少 | 可能 |
| 雾 | 全国大部分地区雾日减少 | 可能 |
| 霾 | 东部大部分地区霾日趋于增多 | 可能 |
| 雷暴 | 雷暴日数普遍减少 | 可能 |
| 寒潮 | 寒潮次数显著减少 | 很可能 |
| 干旱 | 中国华北、东北和西北东部地区干旱趋势明显，近 10 年西南地区特大干旱频发 | 很可能 |
| 沙尘暴 | 沙尘日数呈显著减少趋势 | 确定 |

## 1.1.2　气候变化效应

### 1. 气候变化对农业的影响

农业是对气候变化最敏感领域之一，气候变化对农业的影响较为复杂，主要包括以下几个方面。

对农作物产量的影响。气候变化导致作物产量波动幅度很大，在一些地区是正效应（提高作物产量），在另一些地区则是负效应。研究结果表明，过去 20 多年的气候变暖对东北地区粮食总产增加有明显的促进作用，但是对华北、西北和西南地区的粮食总产增加有一定抑制作用，而对华东和中南地区粮食产量的影响不明显（刘颖杰和林而达，2007）。

对农作物品质的影响。作物品质的形成是品种遗传特性和环境条件综合作用的结果，在一定的遗传特性基础上，环境条件至关重要。水稻、小麦、玉米等作物从籽粒灌浆到蜡熟期，环境因子的差异（包括 $CO_2$ 浓度、温度、水分等）对籽粒品质影响最大。因此气候变化通过影响农作物的生长环境，进而影响农作物品质，且在不同区域的影响存在较大差异。

对农业种植制度的影响。种植制度指一个地区作物种类选择和相互搭配组合的总体安排。一个地区多年所形成的种植制度是当地的气候、土壤等自然条件和经济文化、种植习惯等一系列社会经济条件综合平衡的结果，其中气候条件的影响最为明显，而气候条件中又以温度影响最为显著。温度升高对种植业的影响主要表现在春季土壤解冻期提前，冻结期推迟，作物生长季热量增加，从而使得复种面积扩大，复种指数提高，多熟制向高纬度、向高海拔推进，中晚熟品种种植面积不断扩大。

对农业生产成本的影响。气候变化尤其是气温升高后，土壤有机质的微生物分解将加快，化肥释放周期缩短。在高 $CO_2$ 浓度下，虽然光合作用的增强能够促进根生物量增加，在一定程度上补偿了土壤有机质的减少（图 1-4）。但土壤一旦受旱，根生物量的积累和分解都将受到限制，这意味着需要施用更多的肥料以满足作物的需要。另外，气候变暖后各种病虫出现的范围也可能扩大并向高纬度地区延伸，目前局限在热带的病源和寄生组织将会蔓延到亚热带甚至温带地区。因此，随着气候变暖，需要增加农药和除草剂的施用量，导致农业生产成本上升。

### 2. 气候变化对水资源的影响

气候变化将改变全球水文循环的现状，从而引起水资源在时空上的重新分配，影响降水、蒸发、径流、土壤湿度等水循环要素的时空分布。而水循环的变化将进一步影响水资源管理系统及社会经济系统，如供水、灌溉、航运、洪水调度、水土保持及水污染控制等（李峰平等，2013）。

对水资源供需的影响。受气候变化和城市化的影响，我国水资源供需矛盾日益加剧，供水压力不断增大。2019 年，全国用水总量 6021.2 亿 $m^3$，比 2000 年增长了近 10%。其中，生活用水 871.7 亿 $m^3$，占用水总量的 14.5%；工业用水 1217.6 亿 $m^3$，占用水总量的 20.2%；农业用水 3682.3 亿 $m^3$，占用水总量的 61.2%；人工生态环境补水 249.6 亿 $m^3$，占用水总量的 4.1%。地表水源供水量 4982.5 亿 $m^3$，占供水总量的 82.8%；地下水源供水量 934.2 亿 $m^3$，占供水总量的 15.5%；其他水源供水量 104.5 亿 $m^3$，占供水总量的 1.7%。

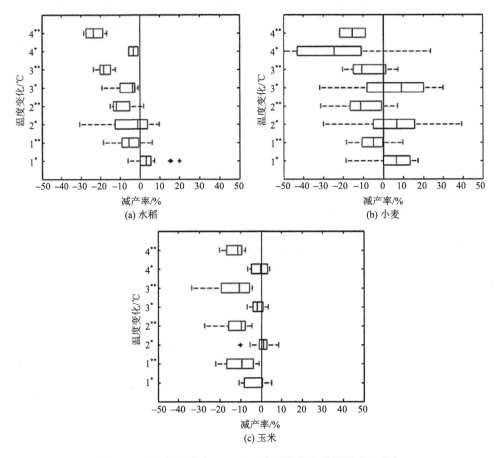

图 1-4    未来温度升高 1～4℃对中国作物产量的影响百分率

*考虑 $CO_2$ 肥效；**不考虑 $CO_2$ 肥效

图片来源：《第三次气候变化国家评估报告》

对干旱的影响。干旱灾害是我国最常见、影响最广泛的自然灾害之一。随着气候变暖，1990～2010 年期间，中国华北、东北南部以及西南地区干旱灾害更加严重，干旱导致河流断流、水井干涸、农田龟裂，秋冬农作物减产甚至绝收。2019年，全国有 30 个省（自治区、直辖市）发生了干旱灾害，农作物旱灾受灾面积为 7838 千 $hm^2$，旱灾成灾面积 3332 千 $hm^2$，旱灾绝收面积 1114 千 $hm^2$。

对洪水的影响。洪水灾害也是全球发生频率最高、损失最严重的自然灾害之一。21 世纪以来，在全球气候持续异常的背景下，中国洪涝灾害年均直接经济损失近千亿元，且有逐年上升的趋势。2018 年，全国 31 省（自治区、直辖市）均发生不同程度洪涝灾害，全国主要江河共发生 7 次编号洪水，直接经济损失 1615.47 亿元，占当年 GDP 的 0.18%（胡畔等, 2021）。

### 3. 气候变化对海岸资源的影响

气候变化引起的全球变暖，导致海洋的热膨胀和冰川、极地冰雪融化，从而引起海面上升，严重影响海岸带生态系统和海洋生物资源。海平面上升导致部分海滩淹没、海岸带遭受风暴潮影响的程度加重、海岸侵蚀、海水入侵沿海地下淡水层、沿海土地盐渍化以及海岸滩涂湿地生态系统遭受破坏等。2019 年，中国沿海海平面较常年高 72 mm，为 1980 年以来第三高，中国各海区沿海海平面均不同程度地上升，其中东海最为明显。

对风暴潮和滨海城市洪涝的影响。高海平面抬升风暴增水的基础水位，加大风暴潮致灾程度；而海平面顶托排海通道的下泄洪水，加大沿海城市泄洪和排涝的难度，加重洪涝灾害。受高海平面和强降雨等的共同作用，我国浙江沿海受影响最大。

对咸潮的影响。海平面、潮汐、风暴潮和上游来水等影响咸潮入侵距离和入侵程度。2019 年，长江口、钱塘江口和珠江口共发生 14 次咸潮入侵过程。与 2018年相比，2019 年三大河口咸潮入侵次数、持续时间、最大氯度值和入侵距离均不同程度增加。

对海岸侵蚀和海水入侵的影响。海平面上升导致近岸波浪和潮汐能量增加、风暴潮作用增强，加剧海岸蚀退和岸滩下蚀，加大侵蚀海岸的修复难度。海平面上升加剧沿海地区海水入侵，影响沿海地下淡水资源、土壤生态系统、工农业生产以及居民生活和健康。

### 4. 气候变化对自然生态系统的影响

可观测到的气候变化已被证实对自然生态系统有着最强烈、最综合的影响。在许多地区，气候变化带来的降水变化或冰川融化影响着水文系统，同时对水质和水量造成了一定影响。此外，受气候变化影响，许多陆地、淡水和海洋生物活动的地理位置、季节性特征、迁徙模式、相互作用等都已经发生改变。

对森林生态系统的影响。由于森林生态系统与气候之间存在着紧密联系，气候变化将不可避免地在某种程度上对森林生态系统产生影响。全球平均气温持续升高，导致全球气候带将向极地方向发生一定程度的位移。例如，与 20 世纪 50年代相比，我国南部祁连山森林面积减少了约 16.5%，森林带下线由 1900 m退缩至 2300 m。森林中生活了约四分之三的陆生生物，如果气候变化超过了物种的适应能力，很多物种将难以抵挡气候变化所带来的后果。因此，气候变化不仅会威胁森林植被的生存，使生态群落的结构发生变化，而且可能使一些以森林为栖息地的动物受到威胁或者灭绝。

对草原生态系统的影响。全球变暖的大背景下，草原生态系统会出现干旱机率增加、干旱持续时间变长、土壤肥力下降、生产力降低等问题。在气候不断变暖的条件下，草原土壤水分的蒸发量远大于降水补给量，草原植被净初级生产力将因此受到严重影响，年际波动越发明显，春季干旱加剧，草地产草量和质量下降，劣等牧草、杂草和毒草的比例增大，并使草原的生产力下降，进而影响牧区的载畜量。此外，草原分布也会受到影响，使植被在一定范围内发生迁移。

对湿地生态系统的影响。一方面，气候变化将加速大气环流和水文循环过程，通过降水变化以及更频繁和更高强度的扰动事件（如干旱、暴风雨、洪涝等）对湿地能力和水分收支平衡产生影响，进而影响湿地水循环过程和水文条件。另一方面，气候变化导致的干旱或气温升高将会增加经济社会用水和农业用水，从而可能减少湿地生态系统中的水资源，使湿地水资源更加短缺，进而导致湿地水体环境恶化、自净能力降低、食物链越来越脆弱，湿地生物多样性受到影响的同时，其"碳汇"功能不断减弱。

### 1.1.3 温室气体对气候的影响

气候变化的自然驱动力包括地球板块构造运动、地球绕太阳运行轨道参数的变化、太阳活动、火山爆发、各圈层（如陆地和海洋）变化等。人为驱动力则包括化石燃料燃烧、生物质燃烧、土地利用、城市化等，特别是工业革命以来的人类活动是造成目前以全球变暖为特征的气候变化的主要原因。

如表 1-2 所示，IPCC 关于气候变化检测和归因的认识是逐步深化的。1990 年 IPCC 第一次评估报告将观测到的全球增温归因于自然变率和人类活动的共同影

表 1-2 IPCC 报告评估的气候变化原因

| IPCC 评估报告 | 观测到的全球温度变化 | | | 全球气候变化的归因 |
|---|---|---|---|---|
| | 平均温度变化/℃ | 温度变化范围/℃ | 观测年份 | |
| 第一次（1990 年） | 0.45 | 0.30～0.60 | 1861～1989 | 近百年的气候变化可能是自然变率或人类活动两者共同造成 |
| 第二次（1995 年） | 0.45 | 0.30～0.60 | 1861～1994 | 目前定量确定人类活动对全球气候影响的能力有限，在一些关键因子上仍存在不确定性。但越来越多的事实表明，人类活动的影响被觉察出来 |
| 第三次（2001 年） | 0.60 0.60 | 0.4～0.8 0.4～0.8 | 1861～2000 1901～2000 | 尽管存在不确定性，但新的和更强的证据表明，过去 50 年观测到的大部分增暖可能是人类活动排放温室气体的增加造成 |
| 第四次（2007 年） | 0.74 | 0.56～0.92 | 1906～2005 | 观测到的 20 世纪中叶以来大部分全球平均温度的升高，很可能是人为温室气体浓度的增加引起的 |
| 第五次（2014 年） | 0.85 | 0.65～1.06 | 1880～2012 | 人类活动极可能是 20 世纪中叶以来全球气候变暖的主要原因，可能性在 95% 以上 |

响，还不能将人类活动和自然变率区分开来；1995 年第二次评估报告指出，已有区别于自然变率的人类活动影响气候变暖的证据；而 2001 年的第三次评估报告首次提出，有明显的证据可检测出人类活动对气候变暖的影响，可能性达 66%以上；随着研究的深入，2007 年 IPCC 第四次评估报告把人类活动与气候变暖之间因果关系的信度由 66%提高到了 90%，认为 20 世纪中叶以来的气候变暖很可能是由人类活动引起的；2014 年，IPCC 发布了第五次评估报告，该评估报告认为，气候变化要比原来认识到的更加严重，且 95%以上的可能性是由人类行为导致的。

IPCC 发布的报告结果表明，随着科学家对气候变化研究的不断深入，人类活动产生的温室气体对气候变化的重要性越来越被人们所认识。IPCC 通过对比模拟和观测的温度变化，解释了导致全球温度变化的主要因素，指出：在过去一个世纪中，人为因素为观测到的温度变化提供了合理解释，综合考虑人为因素和自然因素的共同作用后，能够使模拟结果与观测结果更加吻合。

根据 IPCC 第五次评估报告，1750～2011 年人类活动累计排放了（2040±310）Gt 的 $CO_2$，其中约 40%的排放留在了大气中［（880±35）Gt $CO_2$］，其余的储存在陆地（陆生植物和土壤）和海洋中，海洋吸收了大约 30%人为排放的 $CO_2$，从而导致海洋酸化。而且，1970～2011 年人类活动的 $CO_2$ 排放量约占 1750～2011 年总累计排放量的 50%（图 1-5）。

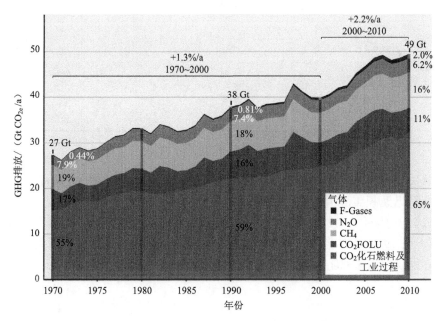

图 1-5　1970～2011 年人为源排放 $CO_2$ 总量

不同国家和区域的 $CO_2$ 排放情况存在较大差异。中国在 2006 年左右超过美国，成为全球最大的碳排放国。根据全球碳项目（Global Carbon Project，GCP）统计结果，2019 年由于能源消耗和水泥生产产生的 $CO_2$ 排放量前十位国家分别为中国、美国、印度、俄罗斯、日本、伊朗、德国、印度尼西亚、韩国和沙特阿拉伯（表 1-3），这十个国家的排放量占据了全球碳排放总量的 66.3%，其中中国碳排放量占据全球排放总量的 27.9%。从人均排放量来看，2019 年中国的人均排放量为 7.1 t $CO_2$/人，尽管仍远远低于美国的人均排放量（16.1 t $CO_2$/人），但是已经超过全球平均水平（4.7 t $CO_2$/人），介于欧盟（6.1 t $CO_2$/人）和日本（8.7 t $CO_2$/人）的人均排放量之间。

表 1-3 2019 年全球 $CO_2$ 排放量前十国家排放情况 （单位：Mt）

| 国家 | 能源消费排放量 | 能源消费和水泥生产排放量 |
| --- | --- | --- |
| 中国 | 9348 | 10175 |
| 美国 | 5244 | 5285 |
| 印度 | 2472 | 2616 |
| 俄罗斯 | 1657 | 1678 |
| 日本 | 1081 | 1107 |
| 伊朗 | 761 | 780 |
| 德国 | 689 | 702 |
| 印度尼西亚 | 587 | 618 |
| 韩国 | 588 | 611 |
| 沙特阿拉伯 | 557 | 582 |

注：数据来源于 GCP 数据库。

从历史累计排放的角度来看，发达国家发展过程中的能源消费是目前大气中 $CO_2$ 含量迅速积累和升高的主要原因。根据世界资源研究所（WRI）报告，从工业革命开始至 2002 年，发达国家的累计 $CO_2$ 排放占全球累计排放的 76%（图 1-6）；1950 年以前，绝大部分人为 $CO_2$ 是由发达国家产生的，直到 1950 年以后，发展中国家 $CO_2$ 排放的比例才逐渐增加。

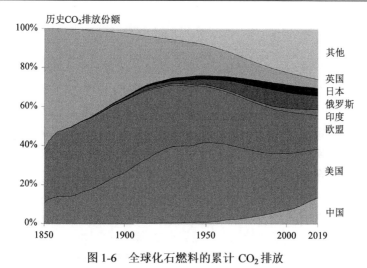

图 1-6  全球化石燃料的累计 CO$_2$ 排放

1850～2019：美国 25%，欧盟（不含英国）17%，中国 13%，俄罗斯 7%，英国 5%，日本 4%，印度 3%

数据来源：Global Carbon Project

## 1.2  全球应对气候变化行动

### 1.2.1  国际谈判进展

《联合国气候变化框架公约》（以下简称《气候公约》）是一个国际公约，于 1992 年 5 月在纽约联合国总部通过，该公约没有对个别缔约方规定具体需承担的义务，也未规定实施机制。从这个意义上说，该公约缺少法律上的约束力。但是，该公约规定可在后续从属的议定书中设定强制排放限制。后续的一系列公约缔约方会议的召开为国际减缓与适应气候变化工作的推进提供了强制性条款。

1997 年 12 月，《气候公约》第 3 次缔约方大会在日本京都召开，149 个国家和地区的代表通过了旨在限制发达国家温室气体排放量以抑制全球变暖的《京都议定书》（以下简称《议定书》）。2005 年 2 月 16 日，《议定书》正式生效，这是人类历史上首次以法规的形式限制温室气体排放。《议定书》规定，到 2010 年，所有发达国家二氧化碳等 6 种温室气体的排放量要比 1990 年减少 5.2%。具体说，各发达国家 2008～2012 年必须完成的削减目标是：与 1990 年相比，欧盟削减 8%、美国削减 7%、日本削减 6%、加拿大削减 6%、东欧各国（俄罗斯和乌克兰除外）削减 5%～8%。新西兰、俄罗斯和乌克兰可将排放量稳定在 1990 年水平上。《议定书》同时允许爱尔兰、澳大利亚和挪威的排放量比 1990 年分别增加 10%、8% 和 1%。《议定书》建立了旨在减少全球温室气体排放量的国际排放贸易机制、联合履行机制和清洁发展机制三个灵活的合作机制，允许发达国家的投资者从其在发展中国家实施的并有利于发展中国家可持续发展的减排项目中获取"经证明的减排量"。

2005 年 11 月 28 日，《议定书》生效后的第 1 次缔约方大会，《气候公约》第 11 次缔约方大会在加拿大蒙特利尔市开幕。来自 189 个缔约方的上万名代表在此后的 10 天内集中讨论了应对世界气候变化问题的长期策略，包括温室气体减排政策、防止气候变化的技术开发与转让等问题。会议启动了"不限名额特设工作组"谈判，确定发达国家 2012 年后的温室气体减排目标，以保证《议定书》第一承诺期和后续承诺期的衔接。

2007 年 12 月 3 日至 15 日，《气候公约》缔约方第 13 次会议暨《议定书》缔约方第 3 次会议在印度尼西亚巴厘岛举行。会议的主要成果是制定了《巴厘路线图》，它主要包括三项决定或结论：一是旨在加强落实《气候公约》的决定，即《巴厘行动计划》；二是《议定书》下发达国家第二承诺期谈判特设工作组关于未来谈判时间表的结论；三是关于《议定书》第 9 条下的审评结论，确定了审评的目的、范围和内容，推动《议定书》发达国家缔约方在第一承诺期（2008～2012 年）切实履行其减排温室气体承诺。

《气候公约》缔约方第 15 次会议于 2009 年 12 月 7 日～18 日在丹麦首都哥本哈根召开。目的是商讨《议定书》一期承诺期到期后的后续方案，就未来应对气候变化的全球行动签署新的协议。联合国气候变化大会于当地时间 19 日下午达成了不具法律约束力的《哥本哈根协议》，尽管没有在所有缔约方中达成一致，但哥本哈根会议维护了《气候公约》及其《议定书》确立的"共同但有区别的责任"原则，就发达国家实行强制减排和发展中国家采取自主减缓行动作出了安排，并就全球长期目标、资金和技术支持、透明度等焦点问题达成广泛共识。

2010 年 11 月 29 日，《气候公约》第 16 次缔约方会议在墨西哥坎昆召开，大会最终达成《坎昆协议》，被认为是在重建气候未来谈判的信心上迈出了坚实一步。一是同意《议定书》工作小组"尽早"完成第二承诺期的谈判工作，以"确保在第一承诺期和第二承诺期之间不出现空当"；二要明确非《议定书》发达国家在《气候公约》下承担与其他发达国家可比的减排承诺，确定发展中国家的自主减缓行动；三是切实落实有关资金和技术转让方面的安排，在长期资金问题上，决定"应该提供给发展中国家按比例增加、新的额外的、可预期的以及足够的资金"，并承认发达国家应在 2020 年联合募集 1000 亿美元用于发展中国家减缓气候变化。

2011 年 11 月 28 日至 12 月 9 日，《气候公约》第 17 次缔约方会议暨《议定书》第 7 次缔约方会议在南非德班召开。大会最终通过决议，建立德班增强行动平台特设工作组，决定实施《议定书》第二承诺期，并启动绿色气候基金，在《坎昆协议》基础上进一步明确和细化了适应、技术、能力建设和透明度的机制安排。

2012 年 11 月 26 日，《气候公约》第 18 次缔约方会议暨《议定书》第 8 次缔约方会议在卡塔尔多哈召开。大会通过《议定书》修正案，从法律上确保了《议定书》第二承诺期在 2013 年实施。大会还通过了有关长期气候资金、《气候公约》长期合作工作组成果、德班增强行动平台以及损失损害补偿机制等方面的多项决议。

2013 年 11 月 11 日至 23 日，《气候公约》第 19 次缔约方会议暨《议定书》第 9 次缔约方会议在波兰华沙召开。会议主要取得了三项成果，一是德班增强行动平台基本体现"共同但有区别的原则"；二是发达国家再次承认应出资支持发展中国家应对气候变化；三是就损失损害补偿机制问题达成初步协议，同意开启有关谈判。

2014 年 12 月 1 日，《气候公约》第 20 次缔约方会议暨《议定书》第 10 次缔约方会议在秘鲁首都利马开幕，会议的主要任务有两个方面，一是围绕 2015 年巴黎气候大会的要素协商并敲定相关文本草案；二是积极落实在此之前达成的各方加强行动的共识，尽快启动绿色气候基金。大会通过的最终决议就 2015 年巴黎气候大会协议草案的要素基本达成一致，并细化了 2015 年协议的各项要素，为各方进一步起草并提出协议草案奠定了基础。

2015 年 11 月 30 日至 12 月 11 日，《气候公约》第 21 次缔约方会议暨《议定书》第 11 次缔约方会议在法国巴黎开幕。最终，近 200 个缔约方一同通过具有里程碑意义的《巴黎协定》。各方将加强对气候变化威胁的全球应对，把全球平均气温较工业化前水平升高控制在 2℃ 之内，并为把升温控制在 1.5℃ 之内而努力；全球将尽快实现温室气体排放达峰，21 世纪下半叶实现温室气体净零排放。在此之前，中国于 2015 年 6 月已向联合国提交"国家自主贡献"（The Intended Nationally Determined Contributions，INDCs），明确 $CO_2$ 排放 2030 年左右达到峰值并争取尽早达峰，单位国内生产总值的 $CO_2$ 排放比 2005 年下降 60%～65%，非化石能源占一次能源消费比重达 20% 左右，森林蓄积量比 2005 年增加 45 亿 $m^3$ 左右。

2016 年 11 月 7 日，《气候公约》第 22 次缔约方大会、《议定书》第 12 次缔约方会议、《巴黎协定》第 1 次缔约方会议在摩洛哥马拉喀什开幕。这是自 2016 年 11 月 4 日《巴黎协定》正式生效后的第一次大会，虽然各方在历史责任承担、发达国家如何兑现资金支持承诺、如何让《巴黎协定》的细则安排平衡体现各方诉求等方面存在分歧，但是大会最终通过了《马拉喀什行动宣言》，强调全球合作应对气候变化的趋势不可逆转，并重申要全面落实《巴黎协定》。

2017 年 11 月 6 日至 17 日，《气候公约》第 23 次缔约方大会在德国波恩举行，大会通过了名为"斐济实施动力"的一系列成果，就《巴黎协定》实施涉及的各方面问题形成了平衡的谈判文案，进一步明确了 2018 年促进性对话的组织方式，通过了加速 2020 年前气候行动的一系列安排。

2018 年 12 月 2 日，《气候公约》第 24 次缔约方大会在波兰卡托维兹开幕，参会各方就《巴黎协定》关于自主贡献、减缓、适应、资金、技术、能力建设、透明度、全球盘点等涉及的机制、规则基本达成共识，并对下一步落实《巴黎协定》、加强全球应对气候变化的行动力度作了进一步安排。

2019年12月2日至15日，《气候公约》第25次缔约方大会在西班牙马德里举行。会议核心任务是推进《巴黎协定》实施细则遗留问题的谈判，但由于谈判各方存在明显分歧，大会未能就这一核心任务达成共识。最终，与会各方经过长时间的气候谈判，最终达成协议，要求各方在2020年调高其减少温室气体排放的目标，以进一步加大应对全球气候变化的努力。

### 1.2.2 发达国家及地区政策与行动

面对全球气候变化，在一系列国际气候谈判的有力推动下，特别是2016年《巴黎协定》正式生效后，将全球升温控制在1.5℃以内的目标对减少全球温室气体排放量提出了更加严格的要求，主要发达国家及地区纷纷明确了自主贡献目标，并采取了积极的应对措施。

#### 1. 欧盟

1）承诺目标

欧盟承诺，2008～2012年间，要将年均温室气体排放量在1990年的基础上减少8%。2007年2月，欧盟推出"能源新政"，进一步提出到2020年，欧盟温室气体排放总量要在1990年的基础上减少20%；通过提高能效将煤、石油、天然气等化石能源的消费量在1990年的基础上减少20%；将可再生能源占总能源消耗的比例提高到20%。2020年12月，欧盟27个成员国领导人同意，到2030年，其温室气体净排放量将从此前设立的目标——比1990年的水平减排40%，提升到至少减排55%，以完成到2050年实现温室气体的"净零排放"目标。

欧盟主要成员国同样高度重视低碳发展。法国不断调整温室气体减排目标，2050年的温室气体减排量目标，从原来比1990年减少75%，改为实现"碳中和"目标。德国致力于，到2020年年度温室气体排放量比1990年的水平降低40%。2014年，德国通过了首份能源转型进展报告，并推出国家能效行动计划以及2020年气候保护行动方案，目标是通过提高能源使用效率等措施，在原先承诺基础上，追加减排6200万～7800万t温室气体。

2）政策法规

自《京都议定书》签订以来，欧洲在全球应对气候问题中一直处于引领地位。20世纪90年代，欧洲共同体提出到2000年将二氧化碳的排放量冻结在1990年水平上的目标，最终促进了《联合国气候变化框架公约》的签订。欧盟在节能减排方面制定了一系列政策法规。

2002年12月16日，欧洲议会和欧盟理事会在布鲁塞尔通过了《欧盟建筑能源性能指令（2002/91/EC）》，根据欧盟共同能源政策设立"确保经济的可持续发展、确保能源产业的竞争力、确保能源的供应安全"三个核心目标。

2006 年，欧盟通过了《欧盟未来三年能源政策行动计划（2007—2009 年）》，采取综合措施以确保欧盟中长期能源供应。2007 年，欧盟决定继续执行《第五个可持续发展规划》，制定二氧化碳排放税收制度，设定减排目标，提高可再生能源在能源消费中的比重等；确立《能源与运输发展战略》，在交通运输领域提高能效，支持替代能源和可再生能源的研究，鼓励广泛的节能与减排研究。

2009 年 4 月，欧盟出台《气候行动和可再生能源一揽子计划》，将减排目标和可再生能源发展紧密结合，提出了更宏伟的目标和更具体的实施方案。该计划的核心内容是"20-20-20"行动，即：承诺到 2020 年将欧盟温室气体排放量在1990 年基础上减少 20%，若能达成新的国际气候协议（其他发达国家相应大幅度减排，先进的发展中国家也承担相应义务），欧盟则承诺减少 30%；设定可再生能源在总能源消费中的比例提高到 20% 的约束性目标，包括生物质燃料占总燃料消费的比例不低于 10%；将能源效率提高 20%。

2014 年，欧盟下属能源、交通和气候变化三司发布了《2050 年欧盟能源、交通及温室气体排放趋势》报告，指出要避免发生灾难性气候变化，确保到 2050 年全球平均气温比工业革命前上升不超过 2℃，欧盟需在 1990 年排放量基础上减少 80%～95%。同年，欧盟委员会公布 2030 年气候和能源政策目标，规定欧盟成员国在 2030 年之前将温室气体排放量削减至比 1990 年水平低 40%，并保证新能源在欧盟能源结构中至少占 27%。

2020 年 9 月，欧盟委员会正式发布《2030 年气候目标计划》及政策影响评估报告。相较于 1990 年水平，欧盟温室气体排放量到 2030 年拟至少降低 55%。同年 12 月，欧盟委员会发布了最新的《可持续及智能交通战略》，旨在采取各种措施，加大无人机和氢动力飞机等新兴技术的应用，到 2050 年将欧盟交通领域的温室气体排放减少 90%。

3）相关措施

1992 年 9 月，欧盟委员会颁布欧盟统一能效标识法规《能源效率标识导则》（92/75/EEC），要求生产商在其产品上标出产品的能源效率等级、年耗能量等信息，使用户和消费者能够对不同品牌产品的能耗性能进行比较。目前，欧盟已对家用电冰箱、洗衣机、照明器具、空调器等 7 种产品实施了强制性的能效标识制度。2001 年，欧盟通过了今后欧盟 15 国新建房屋需要满足的最低能源效率标准。根据此项法案，今后欧盟国家在兴建新房屋或更新 1500 m² 以上的旧房屋时必须遵守新的能源效率标准。法案还要求房屋业主向房屋的购买者和承租人准备一份载明房屋能源效率的文件，房屋的供暖系统和制冷系统也将定期接受检查。

2005 年 7 月 6 日，欧盟颁布了《用能产品生态设计指令》，对用能产品提出了涵盖整个生命周期的生态设计框架性要求。2008 年 8 月起，欧盟有关实施技术法规陆续出台，如欧洲委员会第 1275/2008 号法规《执行欧洲议会和理事会第 2005/32/EC 指令的关于家用和办公用电气、电子设备的待机和关机模式能耗的生态设计要求》、欧洲委员会第 107/2009 号法规《执行欧洲议会和理事会第 2005/32/EC 号指令的关于简单机顶盒的生态设计要求》等。2009 年 10 月 21 日，欧洲议会和理事会发布 2009/125/EC《建立能源相关产品生态设计要求的框架指令》，将产品规范由用能产品（EuP：energy-using products）扩大至所有用能相关产品（ErP：energy-related products）。2010 年 6 月，欧盟在官方公报上正式公布了新能源标识指令 2010/30/EU，规定了能源相关产品能源和其他资源消耗的指示性标签和标准产品信息。从 2008 年到 2018 年底，欧盟共发布涉及 ErP 指令的通报 42 个，不断调整、扩大用能产品使用范围，注重产品之间的差异性，对企业的节能技术标准提出了越来越高的要求。

欧盟拥有目前全球范围内经验最为丰富、体制最为成熟、涉及行业最为广泛的碳交易机制，是全球碳交易市场机制的领跑者之一。欧盟碳交易体系（EU-ETS）从 2005 年起正式启动。EU-ETS 规划了四个阶段，第一阶段是为期三年的一个交易期（2005～2007 年），第二阶段是与《京都议定书》第一承诺期平行的为期五年的一个交易期（2008～2012 年），第三阶段和第四阶段分别是为期八年（2013～2020 年）和为期十年（2021～2030 年）的两个交易期。欧盟碳交易市场机制总共分为以下五大部分。

（1）总量设置机制：欧盟会先设定总的碳排放配额数量，然后按一定比例把配额数量分配给各个成员国，并且成员国每年所得到的配额数量是依次递减的，从而达到欧盟所承诺减排目标。配额总量设置的原则主要取决于欧盟在国际上需要承担的减排量或自主承诺的减排量，最终根据配额量的总数相应地按比例给欧盟各成员国分配对应的配额量。

（2）可测量、可报告、可核查（measurement, reporting and verification，MRV）管理机制：该机制是通过第三方审核机构对排放主体的实际碳排放量进行测算、核查、报告，为碳交易市场的良好运行提供重要的数据支持。

（3）强制履约机制：欧盟颁布相关法律法规，规定若相关企业在履行约定时，其实际的碳排放量超过了所获配额的数量，那么将会受到政府每吨 100 欧元的行政处罚。通过这种强制履约机制来约束企业的碳排放量不超过其配额量，并且使企业增强节能减排的意识。

（4）减排项目抵消机制：欧盟规定企业可通过在碳交易市场上购买其他企业未使用的剩余配额，在履约之时抵消其超过配额的部分，此行为是合法的。这项机制极大程度上促进了企业碳排放的剩余配额在市场上的流通，使得资源在市场机制下得到更优的配置。

（5）统一登记簿机制：该机制登记了欧盟各个成员国每年履约情况（例如履约的产品数量、品种类型、交易金额）以及发放配额的情况，使得欧盟碳交易市场机制变得更为公开和透明，信息更加具体，数据更加精准。

欧盟碳交易市场在不断发展的同时，也进行了一些管理制度的改革，如收回各成员国可自行决定排放上限的权利，将新的产业纳入碳交易体系中，并逐步纳入更多种类的温室气体。

### 2. 日本

#### 1）承诺目标

日本非常重视气候变化带来的影响。日本内阁于 1997 年成立了"地球温暖化对策推进本部"；1998 年 6 月，制定了《地球温暖化对策推进大纲——面向 2010 年的地球温暖化对策》；2002 年 3 月，重新修订《地球温暖化对策推进大纲》（简称《新大纲》），表明日本对气候变化问题严重性的认知在加深。2002 年，《新大纲》中明确了涉及各不同方面的 115 种具体的量化减排对策指标。日本明确计划在 2010 年之前，通过节能措施减排 $CO_2$ 2200 万 t，通过利用新能源减排 $CO_2$ 3400 万 t，通过燃料转换等措施减排 $CO_2$ 1800 万 t。

2013 年，日本政府在《联合国气候变化框架公约》第 19 次缔约方大会上宣布，在《京都议定书》第一承诺期内（2008～2012 年），日本完成了温室气体排放量较 1990 年度减少 6%的目标；同时宣布新的减排目标，即到 2020 年，日本将比 2005 年减少 3.8%的温室气体排放量。2015 年，日本政府通过了 2020～2030 年的温室气体排放目标文件——《日本的承诺（草案）》，确定了 2030 年温室气体排放量比 2013 年削减 26%的新目标。2020 年，日本首相向国会宣布，日本将于 2050 年之前实现碳中和。

#### 2）政策法规

日本政府于 1989 年召开了"地球环境保护内阁会议"，1990 年制定了《防止地球环境温暖化行动计划》。1997 年京都会议后，成立了"地球温暖化对策推进本部"。1998 年 6 月 19 日，推进本部制定了《地球温暖化对策推进大纲》，对《京都议定书》所确定的日本减排 6%的目标进行了细分。为应对全球气候变化，日本国会积极制定法律，1998 年 10 月 9 日通过了第一部专门应对全球温暖化问题的法律——《地球温暖化对策推进法》，并于 1999 年 4 月 8 日开始实施。2002 年 3 月，为方便国会顺利通过《京都议定书》，日本修订了《地球温暖化对策推进大纲》和《地球温暖化对策推进法》。在建立和完善一系列制度后，日本于同年 6 月正式签署了《京都议定书》。

2008 年 3 月 5 日，日本经济产业省制定并公布了《凉爽地球：能源技术创新计划》（*Cool Earth*: *Innovative Energy Technology Program*），选定了 21 项能够大幅

降低二氧化碳排放的技术作为创新攻关的重点（又称"创新技术 21"）。这些技术涵盖了电力部门、运输部门、产业部门、民生部门以及横跨各部门的创新技术，通过新原理、新材料、新制造流程以及关键技术的系统化和实用化来实现技术性能跨越性的提高。该计划确立了一整套具体的"技术开发路线图"，主要包括技术现状分析、技术目标和实现时间设定、技术效果说明以及技术普及方法四个部分。

2008 年 5 月，负责对国家科技政策进行综合性规划协调的日本科技领域最高决策机构——日本政府综合科学技术会议发布了《环境能源技术革新计划》草案，提出了日本政府为开发能够有效降低碳排放的新技术的中长期对策，包括开发新一代太阳能发电技术、氢燃料飞机和能够缓解交通拥堵的自动驾驶汽车等内容，这些也是日本政府解决气候变化和能源问题的构想之一。2010 年 2 月 17 日，日本环境省发布了《日本全球变暖对策的中长期路线图》。2020 年 12 月，日本政府宣布"绿色增长计划"，将在未来 15 年内淘汰汽油车，旨在实现净零碳排放，并且希望到 2050 年，每年创造近 2 万亿美元的绿色增长。

3）相关措施

碳排放权交易制度。2008 年 10 月 21 日，根据日本内阁府"地球温暖化对策推进本部"的决定，该制度正式实施。企业自主设定减排的目标，由政府审核通过后，企业为达成该目标进行减排。企业间可以相互购买剩余的排放量，通过公开招标和提供补贴的方式，吸引并鼓励企业设定减排目标，不断采取措施努力削减温室气体排放量。

补助金制度。对于企业引进节能环保设备、实施节能技术改造给予总投资额 1/3～1/2 的补助（一般项目补助上限不超过 5 亿日元，大规模项目补助上限不超过 15 亿日元）。2008 年出台了新能源补助金制度，对 60 项节能和新能源项目给予补助。例如对于企业和家庭引进高效热水器给予固定金额的补助，对于住宅、建筑物引进高效能源系统给予其总投资 1/3 的补助。

"领跑者"制度。该制度是日本独创的一种"鞭打慢牛"的促进企业节能的措施。以同类产品中耗能最低的产品作为领跑者，然后以此产品为规范树立参考标准，对于在指定时间内未能达到规定标准的，将公布企业和产品名单，并处以罚款。目前，日本对汽车、空调、冰箱、热水器等产品实行了节能产品"领跑者"制度。该制度已经成为世界上最为成功的节能标准标识制度之一。

3. 美国

1）承诺目标

2009 年，在全球金融危机的背景下，美国出台了首个《美国清洁能源安全法案》，其目标是以 2005 年为基准，2020 年将 $CO_2$ 及其他温室气体排放水平减少 17%，于 2050 年前将排放水平减少 83%；同时，引入"总量控制与排放交易"制度，并要求在 2020 年前，电力部门至少有 12%的发电量来自风能、太阳能等可再生能源。在 2009 年召开的哥本哈根气候大会上，美国承诺 2020 年温室气体排放量在 2005 年基础上减少 17%、到 2025 年减排 30%、2030 年减排 42%、2050 年减排 83%，与上述《美国清洁能源安全法案》规定的目标基本一致。

2014 年，中国和美国在北京签署了《中美气候变化联合声明》，其中美国明确计划于 2025 年实现在 2005 年基础上减排 26%～28%的全经济范围减排目标，并将努力减排 28%。但 2017 年，特朗普政府擅自撕毁承诺，宣布拒不执行气候行动目标，并自 2019 年起，美国连续三年拒绝履行提交《双年报告》和《国家信息通报》等。

2）政策法规

1992 年 10 月，美国制定了《1992 年能源政策法》，以促进节约能源、提升能源使用效率、可再生能源使用及国际能源合作等方面的行动；同年，制定了《全球气候变迁国家行动方案》，评估了美国温室气体排放情况。1993 年，美国政府制定了新的《气候变化行动方案》，表示 2000 年美国排放量水平将与 1990 年保持一致。1999 年，美国政府发布了"高效能管理、建设绿色政府"的政府令。

2002 年，美国政府公布《全球气候变迁行动》，为不损伤经济发展，设定了不算积极的温室气体减排责任目标。此外，也发布了一些自愿性和鼓励性的计划，来提高各行业的能源效率，如《气候愿景伙伴计划》《气候领袖计划》《温室气体资源报告计划》等。

2009 年，美国出台了《美国清洁能源安全法案》。首先，该法案确定了美国减少温室气体排放的目标。其次，法案对一些重要部门提出了具体要求，如电力部门 2020 年前至少有 12%的发电量要来自风能、太阳能等可再生能源；2012 年后建筑能效要提高 30%，2016 年后要进一步提高 50%。法案还要求每年为燃煤发电的碳捕捉科研、设备改建等提供 10 亿美元的资金。最后，法案引入"总量控制与排放交易"机制，要求发电、炼钢、化工等几乎所有生产部门的排放配额将逐步减少，而企业超额排放需从减排效益好的厂家购买排放权。与此同时，企业也可通过植树、保护森林等措施，抵消自身的部分排放量。

2014 年，美国环境保护署发布了《清洁发电计划》，希望通过各州的减排行动促成清洁发电，该计划预计到 2030 年，将电力行业的碳排放量降低为 2005 年水平的 30%左右。通过该项计划，美国预计取得价值 480 亿～820 亿美元的净气候和健康益处，并在促进碳减排的同时，保持美国电力的可靠性与经济性。

3）相关措施

美国在奥巴马执政期间，应对气候变化较为积极，提出了一系列配套措施，包括以下几个方面。

构建联邦总量-贸易新体系。把降低单位 GDP 排放量改为直接限定排放总量，并将允许的排放量分割成排放配额。由于规定了允许排放总量，配额就具备了价值。全美的企业可以自由买卖配额，以满足各自的需求。

支持绿色能源领域投资、增加就业。计划 2008～2018 年投资 1500 亿美元用于支持清洁能源发展，主要用于增加基础研究和人才培养的投入，增加关键技术推广投入，制定新的国家低碳燃料标准。

联邦可再生能源强制法令。该法令目标为：到 2012 年，美国电力中 10%来源于清洁能源，2025 年这一比例将提高至 25%。政策实施需要经历数年时间，但可能会改变美国目前主要依赖于石油的能源消费结构，清洁能源产业获得蓬勃发展。

提高能效促进节能减排。一是提高建筑物能效标准，到 2030 年所有新的建筑物均实现碳中和。为实现 2030 年碳中和的目标，2020 年新的建筑物能效提高 50%，已有建筑物能效提高 25%，联邦政府将对积极执行者给予认证，并且给予适当的财政支持。二是提高汽车能效，政府将逐步提高燃料经济性标准，计划在 2028 年将燃料经济性标准翻倍。为汽车生产厂和零部件制造商重设税收优惠和贷款担保，以使得美国国内能够制造生产符合新燃油经济性标准的汽车。政府将鼓励开发先进汽车，投资采用轻质材料和新引擎的先进汽车产业。利用汽车消费税激励政策，让更多的美国人购买高能效的汽车。

### 1.2.3　温室气体减排成果

《联合国气候变化框架公约》明确了"历史上和目前全球温室气体排放的最大部分源自发达国家"，为了人类当代和后代的利益和对气候系统的保护，发达国家缔约方应当率先减缓气候变化及其不利影响。1997 年《京都议定书》规定，在 2008～2012 年间，发达国家温室气体排放量应在 1990 年排放水平上减少 5%。附件一缔约方国家和地区的温室气体排放情况详见表 1-4。

表 1-4　附件一缔约方国家和地区温室气体排放情况

| 国家 | 1990 年排放量/千 t | 2012 年排放量/千 t | 2012 较 1990 年变化率/% |
|---|---|---|---|
| 澳大利亚 | 424998 | 544733 | 28.2 |
| 奥地利 | 78493 | 79529 | 1.3 |
| 白俄罗斯 | 137766 | 92827 | −32.6 |
| 比利时 | 146411 | 120923 | −17.4 |
| 保加利亚 | 101794 | 60941 | −40.1 |
| 加拿大 | 603222 | 710108 | 17.7 |
| 克罗地亚 | 31876 | 25887 | −18.8 |
| 塞浦路斯 | 5690 | 8631 | 51.7 |
| 捷克 | 197203 | 134202 | −31.9 |
| 丹麦 | 71000 | 54838 | −22.8 |

续表

| 国家 | 1990 年排放量/千 t | 2012 年排放量/千 t | 2012 较 1990 年变化率/% |
|---|---|---|---|
| 爱沙尼亚 | 40277 | 19967 | −50.4 |
| 欧盟（公约） | 5647955 | 4574655 | −19.0 |
| 欧盟（KP） | 5654453 | 4582411 | −19.0 |
| 芬兰 | 71065 | 62419 | −12.2 |
| 法国 | 551405 | 489044 | −11.3 |
| 德国 | 1249459 | 924147 | −26.0 |
| 希腊 | 103309 | 112327 | 8.7 |
| 匈牙利 | 93951 | 59570 | −36.6 |
| 冰岛 | 3733 | 4684 | 25.5 |
| 爱尔兰 | 55468 | 57753 | 4.1 |
| 意大利 | 516052 | 482362 | −6.5 |
| 日本 | 1270040 | 1396324 | 9.9 |
| 哈萨克斯坦 | 401871 | 317589 | −21.0 |
| 拉脱维亚 | 26289 | 11337 | −56.9 |
| 列支敦士登 | 228 | 225 | −1.3 |
| 立陶宛 | 48016 | 21396 | −55.4 |
| 卢森堡 | 12741 | 11773 | −7.6 |
| 马耳他 | 2570 | 3208 | 24.8 |
| 摩纳哥 | 103 | 88 | −14.6 |
| 荷兰 | 220741 | 195272 | −11.5 |
| 新西兰 | 63591 | 79402 | 24.9 |
| 挪威 | 51459 | 54121 | 5.2 |
| 波兰 | 475080 | 404527 | −14.9 |
| 葡萄牙 | 58559 | 65467 | 11.8 |
| 罗马尼亚 | 247994 | 125639 | −49.3 |
| 俄罗斯 | 3187507 | 2147996 | −32.6 |
| 斯洛伐克 | 73517 | 43186 | −41.3 |
| 斯洛文尼亚 | 18610 | 19005 | 2.1 |
| 西班牙 | 289383 | 350959 | 21.3 |
| 瑞典 | 71185 | 57294 | −19.5 |
| 瑞士 | 53779 | 52037 | −3.2 |
| 土耳其 | 219368 | 447255 | 103.9 |
| 乌克兰 | 942072 | 417170 | −55.7 |
| 英国 | 797812 | 583866 | −26.8 |
| 美国 | 6437000 | 6580675 | 2.2 |

注：数据来源于 GCP 数据库；不包含土地利用变化和林业产生的温室气体排放量。

可以看出，虽然自 2007 年以后，美国温室气体排放量总体呈现下降的趋势，但是 2012 年美国的温室气体排放量仍比 1990 年上升了 2.2%，未能完成《京都议定书》中明确的目标；而美国的温室气体排放总量大，在附件一缔约方中占据重要位置，2012 年美国排放的温室气体占据整个附件一缔约方总量的 24.8%，因此，美国的减排效果对实现全球温室气体排放控制目标起着关键作用。

俄罗斯作为几个温室气体排放大国之一，2012 年温室气体排放量为约 21.5 亿 t，较 1990 年的约 31.9 亿 t 下降了约 32.6%，超额完成了规定的减排目标。欧盟作为世界上的主要经济体之一，温室气体的排放量仅次于美国，但是自 1990 年以来，其温室气体排放显著下降，2012 年欧盟的温室气体排放量约为 45.8 亿 t，比 1990 年下降了 19%，但仍未完成《京都议定书》中规定的减排 20% 的目标。2012 年，日本的温室气体排放量约为 14.0 亿 t，比 1990 年的约 12.7 亿 t 增长了约 9.9%，同样也未完成《京都议定书》中规定的减排 6% 的目标。

# 1.3　中国应对气候变化行动与压力

## 1.3.1　中国减缓气候变化行动

2020 年 9 月 22 日，习近平主席在第七十五届联合国大会一般性辩论上发表重要讲话时宣布，中国将提高国家自主贡献力度，采取更加有力的应对气候变化的政策和措施，二氧化碳排放量力争于 2030 年前达到峰值，努力争取 2060 年前实现碳中和。这彰显了中国积极应对气候变化、走绿色低碳发展道路的坚定决心，体现了中国主动承担应对气候变化、推动构建人类命运共同体的责任担当，受到国际社会高度评价。

### 1. 总体布局，制定专项规划

2013 年，国家发展改革委、财政部、农业部等 9 部门编制完成了中国首部《国家适应气候变化战略》（以下简称《战略》），标志着中国首次将适应气候变化提高到国家战略高度。《战略》指出，要将适应气候变化的要求纳入中国经济社会发展的全过程，并且指出到 2020 年，中国适应气候变化的主要目标是：适应能力显著增强，重点任务全面落实，适应区域格局基本形成。此外，《战略》也把进一步加强国际合作列为保障其实施的一项重要措施。

2014 年，发展改革委组织制定了《国家应对气候变化规划（2014—2020 年）》（以下简称《规划》）。《规划》牢固树立生态文明理念，坚持节约能源和保护环境的基本国策，并且提出通过实施《规划》，实现单位国内生产总值 $CO_2$ 排放比 2005 年下降 40%～45%，非化石能源占一次能源消费的比重达 15% 左右，森林面积和蓄积量分别比 2005 年增加 4000 万 $hm^2$ 和 13 亿 $m^3$ 的目标，低碳试点示范取得显著进展，适应气候变化能力大幅提升，国际交流合作广泛开展。

2016 年，发展改革委、住房城乡建设部会同有关部门共同制定了《城市适应气候变化行动方案》，明确了我国城市适应气候变化相关工作的目标要求、主要行动、试点示范和保障措施。到 2020 年，普遍实现将适应气候变化相关指标纳入城乡规划体系、建设标准和产业发展规划中，建设 30 个适应气候变化试点城市，典型城市适应气候变化能力显著提高，绿色建筑推广比例达到 50%。到 2030 年，适应气候变化科学知识广泛普及，城市应对内涝等问题的能力明显提高，城市适应气候变化能力全面提升。

2016 年，国务院印发的《"十三五"控制温室气体排放工作方案》指出：到 2020 年，单位国内生产总值二氧化碳排放比 2015 年下降 18%，碳排放总量得到有效控制；氢氟碳化物、甲烷、氧化亚氮、全氟化碳、六氟化硫等非二氧化碳温室气体控排力度进一步加大；碳汇能力显著增强；支持优化开发区域碳排放率先达到峰值，力争部分重化工业 2020 年左右实现率先达峰，能源体系、产业体系和消费领域低碳转型取得积极成效；全国碳排放权交易市场启动运行，应对气候变化法律法规和标准体系初步建立，统计核算、评价考核和责任追究制度得到健全；低碳试点示范不断深化，减污减碳协同作用进一步加强，公众低碳意识明显提升。

此外，我国也针对重点高碳排放行业，编制其总体发展规划，如《电力发展"十三五"规划（2016—2020 年）》《钢铁工业调整升级规划（2016—2020 年）》《水泥工业"十三五"发展规划》等，明确了各重点行业的发展方向和思路、发展的主要目标、行业结构调整重点等，为我国高碳行业转型发展提供指导，并为政府部门决定及制定相关政策提供重要参考。

### 2. 节约能源，提高能源效率

2014 年，国务院发布了《能源发展战略行动计划（2014—2020 年）》，旨在加快构建清洁、高效、安全、可持续的现代能源体系，推动能源创新、安全、科学发展。到 2020 年，一次能源消费总量控制在 48 亿 t 标准煤左右，煤炭消费总量控制在 42 亿 t 左右；基本形成比较完善的能源安全保障体系。国内一次能源生产总量达到 42 亿 t 标准煤，能源自给能力保持在 85% 左右，石油储采比提高到 14%~15%，能源储备应急体系基本建成；到 2020 年，非化石能源占一次能源消费比重达到 15%，天然气比重达到 10% 以上，煤炭消费比重控制在 62% 以内。

2017 年 1 月 5 日，国务院发布了《"十三五"节能减排综合性工作方案》。主要目标为，到 2020 年，全国万元国内生产总值能耗比 2015 年下降 15%，能源消费总量控制在 50 亿 t 标准煤以内。全国化学需氧量、氨氮、二氧化硫、氮氧化物排放总量分别控制在 2001 万 t、207 万 t、1580 万 t、1574 万 t 以内，比 2015

年分别下降10%、10%、15%和15%。全国挥发性有机物排放总量比2015年下降10%以上。

为贯彻落实《中华人民共和国国民经济和社会发展第十三个五年规划纲要》和《"十三五"控制温室气体排放工作方案》的有关要求，加快低碳技术的推广应用，促进我国控制温室气体行动目标的实现，发展改革委在2014年8月和2015年12月相继发布两批《国家重点推广的低碳技术目录》的基础上，于2017年继续组织编制了《国家重点节能低碳技术推广目录》，涵盖非化石能源、燃料及原材料替代、工艺过程等非二氧化碳减排、碳捕集利用与封存、碳汇等领域，共27项国家重点推广的低碳技术。

### 3. 转型发展，调整产业结构

2016年，国务院印发《"十三五"国家战略性新兴产业发展规划》，明确把战略性新兴产业摆在经济社会发展更加突出的位置，大力构建现代产业新体系，推动经济社会持续健康发展，战略性新兴产业增加值占国内生产总值比重达到15%。

2019年，发展改革委修订发布了《产业结构调整指导目录（2019年本）》（以下简称《目录》），同时废止了《产业结构调整指导目录（2011年本）（修正）》。《目录》由鼓励、限制和淘汰三类目录组成，此次修订重点包括：一是推动制造业高质量发展。把制造业高质量发展放到更加突出的位置，加快传统产业改造提升，大力培育发展新兴产业。二是促进形成强大国内市场。重点是加强农业农村基础设施建设，改善农村人居环境，促进农村一二三产业融合发展；提高现代服务业效率和品质，推动公共服务领域补短板，加快发展现代服务业；促进汽车、家电、消费电子产品等更新消费，积极培育消费新增长点。三是大力破除无效供给。适度提高限制和淘汰标准，新增或修改限制类、淘汰类条目近100条。同时，对现有条目不能完全覆盖，且不符合法律法规和行业标准的，在限制类和淘汰类中分别设置了兜底条款。四是提升科学性、规范化水平。对限制类、淘汰类条目，明确品种和参数，突出可操作性；对鼓励类条目，发展方向比较明确的领域，尽可能明确指标参数，方向尚不明确的新产业新业态，则"宜粗不宜细"，仅作方向性描述。同时，把市场能有效调节的经济活动从限制类删除。

2020年，国务院发布了《新能源汽车产业发展规划（2021—2035年）》，指出了发展新能源汽车是我国从汽车大国迈向汽车强国的必由之路，是应对气候变化、推动绿色发展的战略举措。2012年国务院发布《节能与新能源汽车产业发展规划（2012—2020年）》以来，我国坚持纯电驱动为主导的战略取向，新能源汽车产业发展取得了巨大成就，成为世界汽车产业发展转型的重要力量之一。

### 1.3.2 中国温室气体排放趋势

2000～2017 年，中国碳排放总量总体呈增长趋势，碳排放量由 2000 年的 38 亿 t 增长到 2017 年的 106 亿 t，年均增长率达 6.2%。自 2012 年以来，中国的碳排放增速明显减缓，2000～2011 年中国碳排放总量的年均增速达 9.4%，而 2012～2017 年的年均增速则降至 0.4%，并且 2017 年的碳排放总量较 2016 年稍有回落，下降了约 1.1%。

分部门来看，工业能耗导致的碳排放仍占据最主要的部分（图 1-7）。在 2000～2017 年期间，工业能耗碳排放始终占据总排放的 62% 以上；但是自 2012 年来，工业能耗碳排放总体呈现负增长趋势，2017 年工业能耗碳排放较 2012 年下降了 7.1%，年均下降率为 1.5%，其中 2017 年工业能耗产生的碳排放比 2016 年下降了 4.7%。近年来，交通部门成为碳排放量增速最快的部门。2017 年，交通能耗所产生的 $CO_2$ 排放比 2012 年增长了 43.4%，年均增速达 7.5%，远高出同时期中国碳排放总量增长速率。2012～2017 年，工业过程碳排放的增长速度也有了明显放缓趋势，年均增速为 2.4%。尽管由固体废弃物产生的碳排放量在排放总量中的占比很小，但是其增长趋势不容忽视。2000～2017 年，固体废弃物产生的碳排放量的年均增速达 3.4%，2017 年比 2000 年增长了 76.1%。

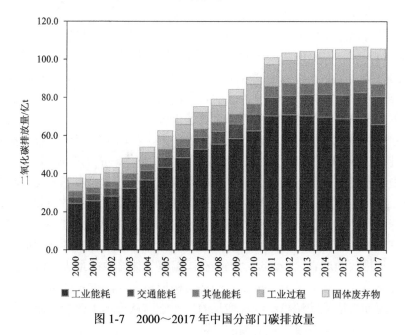

图 1-7 2000～2017 年中国分部门碳排放量

### 1.3.3　中国应对气候变化的压力

　　经过全社会的共同努力，我国在控制温室气体排放方面取得了积极进展。截至 2019 年底，中国碳强度较 2005 年降低约 48.1%，非化石能源占一次能源消费的比重提升至 15.3%，提前完成了 2020 年控制温室气体排放的目标，扭转了 $CO_2$ 排放快速增长的局面。但是，由于我国正处于经济发展方式转型的关键时期，产业结构和能源消费结构有待进一步的优化和完善，在应对气候变化过程中仍然面临着严峻的挑战和压力。

　　日趋复杂的气候变化国际谈判形势带来的压力。2016 年，《巴黎协定》正式生效，世界主要国家和地区明确表示要加强应对全球气候变化的威胁，重申把全球平均气温控制在较工业化前升高 2℃范围之内，并为把升温控制在 1.5℃之内而努力。但是，未来有关全球气候变化的国际谈判形势也将更为错综复杂、任务更加艰巨。发达国家自身减排和为发展中国家提供支持的政治意愿不断下降，如何落实相关成果和兑现有关承诺仍存在诸多不确定性。各方在碳排放峰值、长期目标、发达国家减排力度、行业方法、审评范围、资金来源等关键问题上依然存在分歧。由于各自国情和利益诉求不同，发展水平的差异进一步拉大，加之发达国家拉拢利诱，一些发展中国家也在不少问题上形成了不同立场相近的国家联盟，内部协调难度加大。随着我国成为世界第一排放大国和第二大经济体，谈判的外部环境和条件已经发生重要变化，各方对我国的期待和要求也随之发生变化，所有国家参与减排、发展中大国承担与其排放和能力相称的更大减排责任是一个无法回避的趋势。与此同时，围绕未来气候公约进一步合作行动的原则、基础、机制、内容等方面，各方还会有一番激烈较量，相关谈判必将是一场持久战。在新的形势下，维护好我国的核心利益，是一场重大考验。

　　温室气体排放增长过快带来的压力。近年来，我国温室气体排放总量显著增长，并且在 2006 年左右超过美国、欧盟等主要经济体，成为全球第一排放大国。根据《中华人民共和国气候变化第三次国家信息通报》和《中华人民共和国气候变化第二次两年更新报告》，2010 年和 2014 年中国温室气体排放总量（不包括土地利用变化和林业）分别为 105.44 亿 t 和 123.01 亿 t 二氧化碳当量，比 2005 年增长了 31.6%和 53.5%。从温室气体类型看，二氧化碳是我国排放的最主要的温室气体；从排放领域看，能源活动仍是我国温室气体排放的最大来源。虽然我国的经济发展方式已逐渐转变，创新对经济结构调整和经济增长的带动作用明显增强，但是短期内依靠能源拉动经济增长的局面难以从根本上改变，温室气体排放总量在未来一段时间难以出现明显的下降。

　　以煤为主的能源结构带来的压力。IPCC 2019 修订报告指出，产生单位热量，燃煤引起的 $CO_2$ 排放比使用石油、天然气分别高出约 36%和 61%。根据英国石油公司（British Petroleum，BP）2020 年发布的全球能源统计数据，2019 年全球一次能源消费中煤炭消费占比为 27.0%，但是中国一次能源消费中煤炭占比仍然高达 57.6%，依然是以煤为主的能源结构。由于调整能源结构在一定程度上又受到资源结构的制约，提高能源效率又面临着技术和资金上的障碍，以煤为主的能源结构和消费结构在未来相当长的时间内可能不会发生根本性改变，使得中国在降低单位能源消耗的 $CO_2$ 排放强度方面比其他国家面临更大的困难。

能源利用效率不高带来的压力。近年来，我国综合能耗强度和重点行业能耗水平均有不同程度的下降。《中国能源统计年鉴》显示，2019 年我国重点耗能工业产品中，单位电石的综合能耗为 784 kg 标准煤/t，比上年下降了 2.1%；单位合成氨综合能耗为 1418 kg 标准煤/t，下降了 2.4%；吨钢综合能耗为 605 kg 标准煤/t；下降了 1.3%；单位电解铝综合能耗为 13257（kW·h）/t，下降了 2.2%；单位火力发电的标准煤耗为 289 g/（kW·h），下降了 0.3%。2019 年，全国万元国内生产总值的能源消耗水平为 0.55 t 标准煤/万元，下降了 2.6%，但与发达国家能耗水平（0.1～0.2 t 标准煤/万元 GDP）相比仍然偏高。

提高适应气候变化能力带来的压力。作为一个人口众多、生态环境脆弱、正在高速发展中的国家，中国气候条件相对较差，气象灾害频发。在城市化进程日益加快的今天，中国自然资源禀赋与需求之间的矛盾越来越突出。随着工业化、城镇化进程的加快，中国森林资源总量不足，远远不能满足国民经济和社会发展的需求，森林和湿地的保护和恢复工作压力巨大。受气象灾害影响，中国农业生产始终处于不稳定状态，如何合理调整农业生产布局和结构，确保中国农业生产持续稳定发展，是对农业领域的挑战。此外，人口老龄化的加剧、区域发展的不平衡等因素，都可能加剧气候变化的风险，为我国气候变化适应战略带来挑战。

## 1.4 城市在应对气候变化中的作用

### 1.4.1 城市是温室气体排放的主要源

城市中居住着全球一半以上的人口，并且这一比例在未来将继续上升。庞大的城市人口消耗了大量的能源和资源，贡献了 70% 以上的全球化石燃料排放二氧化碳，这不仅影响着城市自身的环境，也对广泛的全球气候产生了重大的影响（Wang et al., 2019）。

中国的城市化率在 2011 年超过 50%，达到了 51.27%。联合国预计，到 2025 年中国将有 2.8 亿农村居民迁入城市，相当于每年都要新增一个像北京或纽约这样的大城市。城市化在促进经济增长的同时，也改变了人们的生产生活方式以及消费观念，城市居民将使用更多的家用电器、燃油汽车和不断扩大的长途运输系统，这些导致我国城市居民的人均能耗水平几乎是农村居民的 3 倍。与此同时，中国的城市化进程促进了城市基础设施的建设，由于这些基础设施将在未来很长时间内服务于城市生产和生活，它们也将对城市未来的能源系统和减排目标造成巨大压力。

### 1.4.2　城市极易受气候变化的影响

城市是一个自然环境和社会经济复合的生态系统，它不仅是二氧化碳排放的关键源，同时也极易受到气候变化的影响。相关研究报告指出，城市地区由于基础设施和资源配置的高度集中，气候变化将会影响工业生产、硬件基础设施和能源供应等诸多方面（Glaeser and Kahn, 2010）。

在城市化进程下，城市快速扩张，基础设施建设相互交织，加之城市规划的不合理、管理上的难度以及局部生态条件改变等原因，使得城市容易受到气候变化的影响；庞大的居民数量以及密集的人口分布，又加剧了城市的脆弱性。在快速城市化与人口增长同时作用下，城市系统面临的气候风险逐渐增加。

城市面临的气候风险主要包括：极端温度、干旱、极端降水、积雪、风暴、海平面升高、海洋酸化、洪水等。由于不同城市的地理位置、经济水平等特征存在差异，因此城市间存在着不同的气候风险和对风险的适应能力。从地理位置来看，城市本身存在遭受不同自然灾害的风险，例如沿海、低洼或三角洲地区会面临更多洪水的风险，而靠近陡坡的城市会面临更多山体滑坡风险；从气候条件来看，干旱地区的气候变暖速率更高，面临着干旱进一步加剧的风险；从城市的经济发展水平来看，相对于发达地区，贫困地区的城市由于缺少对气候变化的认识，并且没有完善的基础设施和应对气候变化的开支，更容易遭受气候变化的不利影响；从城市规模来看，大型城市由于庞大的空间范围和人口规模，对于气候变化的绝对暴露会更多，更有可能受到不利影响。

在同一城市内部，不同部门受到气候变化的影响也不尽相同。这些部门主要是水资源供应和废水处理部门、能源生产与供应部门、交通运输与通信部门、住房建筑部门、城市生态部门以及卫生健康部门。当气候变化造成城市的降水和径流改变、海平面上升而导致沿海地区盐水灌入、水资源供应和废水处理压力增加时，城市的水资源供应和废水处理部门会受到较大影响；气候变化还会改变城市对能源的需求，特别是夏季高温带来的电力消耗增加；极端天气现象会对城市内的道路、铁路、桥梁和通信网络、信号塔等基础设施造成损害，从而影响交通运输与通信部门；在极端天气中，住房也是受影响的主要基础设施，此外还有公园等娱乐场所以及名胜古迹；气候变化对自然条件的改变，将影响城市内的"绿色基础设施"（如湿地、森林、绿化带等）的生态功能；气候变化的影响也将在医疗、社会保健、教育、维稳和紧急服务等城市公共服务中显现。除此之外，由于城市基础设施系统的紧密耦合，各部门之间的相互协作，气候变化经常在城市相互关联的多部门内造成影响，例如气候的改变导致城市对地下水的需求增大，带来了地面沉降的风险，使得气候变化除了影响水资源供应部门外，还对城市建筑造成损害；当电力或燃料供应由于自然灾害而中断，则会对城市内的企业生产、基础设施运行、服务业和居民生活等各方面造成更广泛的影响。

### 1.4.3 城市是应对气候变化的关键因素

虽然城市在应对气候变化过程中是脆弱和敏感的，但是城市同时是社会经济活动和创新活动高度集中的区域，是实施应对和适应气候变化政策的主体，是应对全球气候变化的核心阵地。

相关研究结果表明，城市化有助于节约能源并减少相关的温室气体排放，而减少城市温室气体排放的有效政策因城市类型而异。对于富裕和成熟的城市，较高的汽油价格与紧凑的城市形态相结合可以节省交通和住宅能源的使用。相比之下，对于拥有新兴基础设施的发展中国家城市而言，紧凑的城市形态和交通规划可以鼓励地铁等更高人口密度的交通运输方式，从而避免依赖私人小汽车出行的高碳排放模式，有助于缓解气候变化（Güneralp et al., 2017）。目前，城市应对气候变化的国际合作运动非常活跃，欧盟在 2008 年颁布了《气候与能源计划》，旨在提高城市的能源效率，增加可再生能源的使用。如今，4394 个欧洲城镇加入了这个计划，这些城镇拥有 1.68 亿人口，组成了世界上规模最大的低碳城市联盟。中国北京、上海以及香港等近 60 个城市也参与了"世界大城市气候领导联盟"（C40）。城市行动虽不能全面代表国家（地区）政策和行动，但其创新政策方案如果能够成功，则可推广到其他地方，因此可以从城市尺度上的试验区来检验国家（地区）方案的可行性。

可见，城市地区拥有世界一半以上的人口，拥有世界上大部分的固定资产和经济活动，使得城市既是气候变化的主要驱动因素和主要受害者，也是应对气候变化的领导者。因此，在城市尺度开展气候变化的减缓与应对研究，结合城市的社会-经济-能源系统特征，解析不同城市面临的低碳发展挑战和机遇，将丰富和完善区域层面的气候变化应对研究，为城市提高应对气候变化能力、实现可持续发展提供科学支撑。

## 参 考 文 献

《第三次气候变化国家评估报告》编写委员会. 2015. 第三次气候变化国家评估报告[M]. 北京: 科学出版社.

蔡琴, 黄婧, 齐晔. 2013. 中外低碳城市规划特征比较[J]. 城市发展研究, (6): 1-7.

方建, 杜鹃, 徐伟, 等. 2014. 气候变化对洪水灾害影响研究进展[J]. 地球科学进展, 29(9):

1085-1093.

郝祥云, 朱仲元, 宋小园, 等. 2017. 近50a锡林河流域极端天气事件及其与气候变化的联系[J]. 干旱区资源与环境, 31(7): 114-120.

胡畔, 陈波, 史培军. 2021. 中国暴雨洪涝灾情时空格局及影响因素[J]. 地理学报, 76(5): 1148-1162.

李峰平, 章光新, 董李勤. 2013. 气候变化对水循环与水资源的影响研究综述[J]. 地理科学, 33(4): 457-464.

刘颖杰, 林而达. 2007. 气候变暖对中国不同地区农业的影响[J]. 气候变化研究进展, (4): 229-233.

吴绍洪, 赵宗慈. 2009. 气候变化和水的最新科学认知[J]. 气候变化研究进展, 5(3): 125-133.

Glaeser E L, Kahn M E. 2010. The greenness of cities: Carbon dioxide emissions and urban development[J]. Journal of Urban Economics, 67(3): 404-418.

Güneralp B, Zhou Y, Ürge-Vorsatz D, et al. 2017. Global scenarios of urban density and its impacts on building energy use through 2050[J]. Proceedings of the National Academy of Sciences, 114(34): 8945-8950.

IPCC. 2014. The Synthesis Report (SYR) of the IPCC Fifth Assessment Report[R].

Karl T R, Trenberth K E. 2003. Modern global climate change[J]. Science, 302(5651): 1719-1723.

Ramaswami A, Tong K, Fang A, et al. 2017. Urban cross-sector actions for carbon mitigation with local health co-benefits in China[J]. Nature Climate Change, 7(10): 736-742.

Wang H, Lu X, Deng Y, et al. 2019. China's $CO_2$ peak before 2030 implied from characteristics and growth of cities[J]. Nature Sustainability, 2(8): 748-754.

# 第 2 章　城市低碳发展理论与研究方法

　　低碳城市的概念随着低碳经济的提出和发展应运而生。目前，通过低能耗、低物耗、低排放、低污染的低碳城市发展模式，以最小的环境代价发展经济，实现人与自然的和谐共处，已经成为世界城市发展的主要趋势。低碳城市已成为世界各地的共同追求，很多国际大都市以建设发展低碳城市为荣，关注和重视经济发展过程中的代价最小化以及人与自然和谐相处。

## 2.1　低碳城市理论研究

### 2.1.1　低碳城市的内涵

　　1896 年，瑞典科学家 Arrhenius（1896）发表了题为《空气中碳酸对地面温度的影响》的论文，首次定量了大气中 $CO_2$ 浓度对地表温度的影响。随着全球气温不断升高，人类产生的温室气体排放受到了广泛关注，"低碳"一词的概念由此诞生。

　　2003 年，英国发布了《我们未来的能源——创建低碳经济》白皮书，明确英国的能源发展目标，即 2010 年的碳排放量在 1990 年的水平上减少 20%，到 2050 年减少 60%，并从根本上把英国变成低碳经济的国家，这也是首次提出"低碳经济"的概念。低碳经济是指通过更少的自然资源消耗和环境污染，获得更多的经济产出，创造更高的生活标准和更好的生活质量，为发展、应用和输出先进技术创造新的商机和更多的就业机会。

　　"低碳经济"概念提出后，引起了国际社会的广泛关注。日本紧随其后，开始了"低碳社会"的建设工作。日本的中央环境审议会提出了低碳社会的发展理念，即争取将温室气体排放量控制在能被自然吸收的范围之内，摆脱以往大量生产、大量消费、大量废弃的社会经济运行模式。2004 年，日本开始探索低碳社会模式和途径，于 2007 年 2 月颁布了《日本低碳社会模式及其可行性研究》，其中明确了"低碳社会"的理念，强调人们消费理念和生活方式的转变，致力在生产建设、社会发展和人民生活领域控制和减少碳排放。可见，"低碳社会"与"低碳经济"的侧重点有所不同，"低碳经济"主要指的是经济生产方式的转变及新产品的生产与应用，而"低碳社会"强调生活和消费方式的转变；但是二者相互融合，且具有目标一致性，都强调政府、企业和公众的共同参与，建设"低碳社会"是发展"低碳经济"在社会领域的必然要求（戴亦欣, 2009）。

城市作为人类生产和生活的中心，是能源的主要消费者和温室气体的主要排放者。随着城市化进程的加速，处于不同发展阶段的城市发展模式和未来的发展轨迹成为全球低碳发展关注的焦点，学术界、国际组织和各级政府纷纷开始关注"低碳城市"的概念。低碳城市实际上是低碳经济、低碳社会理念在城市发展中的实际运用，不仅包含低碳能源、低碳生产，还应包含低碳消费和低碳社会。虽然各国已经对发展低碳城市达成共识，但是对"低碳城市"的内涵并没有统一的定义。

随着低碳经济和低碳社会实践的持续推进，世界各国学者或国际组织都从不同角度定义了低碳城市的内涵。如根据世界自然基金会的定义，低碳城市是指城市在经济高速发展的前提下，保持能源消费和二氧化碳排放处于较低的水平。而《2009 年中国可持续发展战略报告》将低碳城市的特征概括为经济性、安全性、系统性、动态性、区域性，并将低碳城市的建设目标设定为开发低碳能源、清洁生产、循环利用和持续发展。

国内学者对低碳城市内涵的认识也经历了不断深入的过程，从不同角度解读了低碳城市的内涵。夏堃堡（2008）认为低碳城市就是在城市中实行低碳经济，包括低碳生产和低碳消费，建立资源节约型、环境友好型社会，建设一个良性的、可持续的能源生态体系。付允等（2010）认为，低碳城市就是通过城市发展低碳经济，创新低碳技术，改变生活方式，最大限度地减少城市的温室气体排放，彻底摆脱以往大量生产、大量消费和大量废弃的社会经济运行模式，构建结构优化、循环利用、节能高效的经济体系，形成健康、节约、低碳的生活方式和消费模式，最终实现城市的清洁发展、高效发展、低碳发展和可持续发展。胡鞍钢（2008）则认为在中国从高碳经济向低碳经济转变的过程中，低碳城市是重要的一个方面，包括使用低碳能源、提高燃气普及率、提高城市绿化率、提高废弃物处理率等方面的工作。戴亦欣（2009）综合多位学者的研究，定义低碳城市为城市经济以低碳产业和低碳化生产为主导模式，市民以低碳生活为理念和行为特征，政府以低碳社会为建设蓝图的城市。中国城市科学研究会认为，低碳城市是城市经济以低碳经济为发展模式及方向、市民以低碳生活为理念和行为特征、城市管理以低碳社会为建设标本和蓝图的城市。

中国的低碳城市应当是既符合低碳理念的经济发展，也符合低碳理念的社会发展，并在经济增长与碳减排之间寻找到一条"绿色通道"，采用低碳的方式保障社会持续稳定的发展。低碳城市发展旨在通过经济发展模式、消费理念和生活方式的转变，在保证生活质量不断提高的前提下，实现有助于减少碳排放的城市建设模式和社会发展模式。

## 2.1.2　低碳城市研究进展

低碳城市研究为城市管理者带来了发展观和制度上的变革。国内外学者主要从四个角度对低碳城市的理论进行了研究：城市能源消费、城市碳排放、城市密度和空间结构、城市建设。

城市空间规划范围包括政府治理、政策和法律监管框架、技术设计等，而通过政府引导，控制城市发展过程中的能源消费，包括城市土地利用、建筑设计及交通引导政策的执行，可以在未来几年内，把城市二氧化碳排放量控制到预期情景。日本学者 Shimada 等（2007）构建了一种描绘城市尺度低碳经济长期发展情景的方法，并将此方法首先应用到日本滋贺地区。尽管相较于国家层面，城市层面数据在获取上有更多的困难和局限性，但是也能较好地估算出城市碳排放量的长期变化。该研究发现，即使滋贺地区的经济将会保持增长的趋势，但仍可能实现到 2030 年碳排放量较 1990 年水平减少 30%～50%的目标。为实现这一目标，除了实施技术减排措施（减排量占54%）之外，必须同时推进土地利用、交通系统、能源系统和生活方式等改革措施（减排量占 46%），以实现城市的低碳化发展。国内学者也从能源需求的角度出发，在研究中国城市能源需求、碳排放现状与发展瓶颈的基础上，探讨了未来低碳城市发展的可能路径。

美国哈佛大学经济学教授 Edward 和 Matthew（2008）对美国 10 个典型大城市市区与郊区的单位家庭采暖、空调、交通及生活能耗进行了实证研究，发现符合低碳城市的发展形态不止一种，如在纽约和波士顿等人口稠密、历史悠久的城市，市区居民排放的二氧化碳要比这些地区的郊区居民少得多，人均碳排放水平随着远离市中心会有所上升，但一旦离开市中心超过 10 英里[①]，排放量就会趋于平稳。此外，有学者对城市碳排放量与城市规模、土地开发密度等的关系进行了实证研究，发现城市规模与碳排放量存在一定的正相关关系，随着城市规模的扩大，新增人口的人均碳排放量要高于存量人口；而土地开发密度与碳排放量存在较为明显的负相关关系。此外，城市规划对土地利用的限制和约束越严格，居民生活的碳排放量水平越低。

城市的结构和城市功能也会影响能源的使用，从而有利于减少碳排放。Fong 等（2009）以马来西亚为例，研究了能源消耗、碳减排与城市规划的关系，认为防止全球变暖，对于每个城市来说主要是减轻城市热岛现象。他们发现，高度紧凑的城市直接减少了小汽车的使用，降低了交通部门的能源消耗和二氧化碳的排放，同时紧凑的城市也影响了地区供暖和冷却系统，有利于热电联产的应用。现代城市土地开发主要体现在社区的建设上，社区是城市结构的细胞，社区的密度

---

① 1 英里=1.609 344 km。

和结构对城市能源及二氧化碳排放起着关键性作用。2008 年，英国城乡规划协会（TCPA）出版的《社区能源：面向低碳未来的城市规划》（*Community Energy: Urban Planning for a Low Carbon Future*）一书提出，低碳城市在开展地方能源方案的规划时，应根据不同的社区规模，采用不同的技术。

可见，现有关于低碳城市的研究多为实证性研究，其成果具有一定的可操作性，但是在低碳城市的理论方面还有待进一步完善。

### 2.1.3　低碳城市发展主体

#### 1. 政府

已有研究表明，气候变化不仅会影响全球经济，也会使全球政治格局有所变动，政府在应对气候变化中起着重要的作用。国外有学者将政府的作用概括为三个方面：①政府作为监管者，通过立法和政策制度创新，为低碳城市发展提出目标和可能实行的措施；②政府作为提供者，通过财政预算和有效手段为低碳城市发展提供条件和支持；③政府作为促进者，通过促进社会其他部门，包括各级地方政府、社会机构、企业、市民等，来推动低碳城市的发展（Peters et al., 2010）。

我国学者同样肯定了政府在低碳城市规划和建设中的重要作用。政府应成为低碳城市建设的主要推动者和政策供给者，政府主导力量主要体现在低碳城市治理的制度安排方面。中国城市要向低碳转型，就要在政府层面建立起完整的制度体系，包括目标体系、行动计划、推进机制以及相应的法规和标准体系，并设立专门的机构负责政策的实施，使政府在低碳城市建设中发挥监管者和提供者的基础性作用。

政府部门在开展城市规划时，应纳入低碳发展观念，应让"城市化和低碳化"成为城市建设中新的定位和目标，将发展低碳城市作为布局方向。因此，城市规划应改变过去以经济发展为主的指导原则，转向以自然的生态环境及区域性负载容量为依据，通过资源节约，保持生态与经济发展的平衡，全面促进城市的发展。

政府在低碳城市建设中需要建立相应的治理模式和配套制度，并且应从优化能源结构、调整产业结构、转变生活方式、加强技术创新这四个方面具体落实。政府部门在低碳城市建设中起领导作用的同时，要有效协调社会各方面资源，包括企业、非政府组织以及公民的广泛参与。各级政府应根据本地区的区位和经济发展特点，进行低碳城市的制度设计，加大低碳城市、低碳社区的示范作用，同时加快制定低碳城市、低碳社区、低碳建筑等标准，在城市建设中加以推广，并制定有关政策刺激开发商和消费者采取积极行动，加快城市的转型。

2. 企业

低碳城市的建设由政府主导，但企业和公众的参与和支持也是关键的部分。企业是指为了实现自己特定的利益而进行决策的组织形式，基本职能是运用各种生产要素和资源进行生产，为社会提供物质产品和劳务，因此企业是推动社会生产力发展和经济技术进步的主要力量。但是，作为市场主体，由于每个企业都有自己独立的经济利益，不可能与公众或国家的整体利益完全一致，因此企业在进行生产决策时会受到来自于社会团体、个人和国家的制约或激励。

企业自身又是一个完整的系统，这个系统主要是由人、财、物、信息、目标等要素构成的，这个系统要素本身的状况及要素的结构将决定着投入与产出的模式，进而决定产出的质量，从低碳生产的要求来看，企业的投入、生产及产出要求流程低碳化。那么，企业在设定经营目标时，要从多元化的角度考虑，既要有经济目标，又要有社会责任目标。

对于企业，首先需要树立低碳经营理念。企业要转变经营发展行为，提升低碳发展意识，明确企业本身是城市低碳发展的关键部分的意识。企业可以借助政府的政策扶持，把低碳意识贯穿在整个生产过程中。企业在制定与实施生产计划时，应有低碳指标的量化约束，通过应用低碳新技术，优化升级原有技术生产线，加快淘汰技术落后、设备落后和收益率低且碳排放量大的生产线，增强自身的市场竞争力。同时，企业需开展集约化生产，选择资源投入少、环境成本低的生产模式，由高消耗、高排放、低效率转向低消耗、低排放、高效率的生产模式。

其次，企业也应加大科研投入，加强低碳产品的研发力度，加速生产工艺及流程低碳化，逐步打造全系统的低碳产业链。应加强企业的总部管理、生产管理、物流管理等全过程管理，构建相应的低碳指标体系，实施低碳硬性约束；要建立健全节能减排的指标体系、监测体系和考核体系，把节能减排指标纳入到企业管理绩效考核体系之中；要加强对企业的监督检查，开展量化管理，定期开展能效标识的专项检查，降低企业碳排放，在低碳制约的引领下，打造企业核心动态竞争力。

除了研究企业本身的治理问题，政府加强对企业的监督和引导对于低碳城市发展也具有重要意义。政府可以运用经济手段、法律手段和必要的行政手段对企业加以调控，建立对企业的激励约束机制，引导企业的低碳经济行为。从激励机制看，政府运用财政、金融等政策，对积极实施节能减排的企业，对实施低碳技术创新的企业，对实行低碳指标考核的企业给予政策上优惠与补偿，并帮助企业提升知名度和品牌美誉度，帮助有条件的企业积极开拓国际市场，实现企业与政府和谐互动，使得企业资源、社会资源与生态环境之间可持续发展。

### 3. 公众

公众同样是社会经济行为中的另一个主体,在经济运行中通常具有三重身份,即劳动力的供给者、生活资料的消费者和投资者。随着中国经济的不断发展,公众的物质和文化生活需求进一步提升。同时,受到城市环境问题的影响和城市低碳化进程的推进,公众的环保意识在逐渐加强。

政府要积极引导居民转向节约资源的消费模式,充分挖掘居民在生活消费领域中低碳化潜力。鼓励居民低碳出行,选用公共交通、骑自行车、拼车或步行等低碳出行方式;开展城市无车日、限车日活动,组织绿色出行的系列宣传活动。鼓励居民投身到发展绿色建筑的活动中,推广阳光屋顶工程,增加使用太阳能等可再生能源,节约煤电气能源。鼓励居民实施建筑节能改造,鼓励采用节能环保型建筑,积极推动可再生能源与建筑一体化工程。根据城市实际情况,鼓励实施立体绿色和垂直绿化等新方法,提高城市立体空间的绿色密度,降低城市热岛效应。提倡居民大力参与城市森林化工程。居民在日常生活消费中,也要主动选择符合要求的低碳产品,少用一次性商品,减少包装,提倡重复使用。

## 2.2　低碳城市发展评估研究

国家层面的行动目标及减排任务需要落实到各个城市,因此,及时了解城市温室气体排放现状,提前做好建设低碳城市攻坚战的准备,是目前政府、企业界、科学界以及非政府组织面临的挑战和迫切任务。城市温室气体排放清单是以清单的形式把城市的主要温室气体及其在各部门的排放量直观呈现出来。编制城市温室气体排放清单是一项基础工作,它为制定减排行动目标、衡量减排行动效果以及开展碳排放交易等提供了基础数据支撑。本部分重点讨论城市温室气体排放清单编制的进展,将从工业能源部门、工业过程部门、交通部门、城市生活部门、商业部门和废弃物部门等六个部门出发,阐述城市温室气体核算原则和方法,为城市温室气体减排效果的定量评估以及国家温室气体减排目标的科学分配提供科学支撑。

### 2.2.1　城市清单编制方法学规范

温室气体排放核算通常在一定的规范指导下进行,以保证核算结果的准确性和可比性。目前,国家和企业(组织)层面的清单编制规范已经相对统一。在国家层面,美国环境保护署(U.S. Environmental Protection Agency,USEPA)和欧盟环境开发署(European Environment Agency,EEA)最先开发了大气污染物清单编制规范,经过修改后成为指导国家和地区温室气体排放清单编制的标准。联

合国政府间气候变化专门委员会（IPCC）于 1995 年第一次公布、2006 年完善的
《IPCC 国家温室气体清单指南》，是其成员国编制国家清单规范的方法学指南，为
世界上绝大多数国家所采用。IPCC 清单指南与美国及欧盟的指导手册在排放源的
确定规则和数据质量控制上互相兼容。在企业（组织）层面，国际上已经形成三
种清单编制规范，包括 PAS2050 评价规范、ISO14040 环境管理架构以及世界可
持续发展工商理事会（World Business Council for Sustainable Development，
WBCSD）与世界资源研究所（World Resources Institute，WRI）联合制定的《企
业温室效应气体会计与报告标准》（*A Corporate Accounting and Reporting
Standard*）。这三种规范都以企业产品和服务在生命周期内的碳排放核算为重心，
体系比较统一。

与国家及企业（组织）清单相比，城市层面的清单编制还没有形成统一的方
法学。世界范围内已经编制完成的城市清单，主要依据 IPCC 指南、地方环境理
事会（The International Council for Local Environmental Initiatives，ICLEI，2008）
推出的《温室气体排放方法学议定书》（*International Local Government GHG
Emissions Analysis Protocol*，IEAP）及曼彻斯特大学公布的《温室气体地区清单
协定书》（*Greenhouse Gas Regional Inventory Protocol*，GRIP）提供的方法学编制
（Carney and Shackley，2009）。中国《省级温室气体清单编制指南（试行）》则是目
前指导国内省份和城市温室气体清单编制的方法学规范。

1. 《IPCC 国家温室气体清单指南》

《IPCC 国家温室气体清单指南》的排放源主要包括能源活动、工业生产过程、
农业、土地利用变化和林业、废弃物处理五个领域。该方法学提供了两种清单编
制的思路：一种是基于表观能源消费量的参考方法，这是一种自上而下（top-down）
的方法，基于各种化石燃料的表观消费量，与各种燃料品种的单位发热量、含碳
量以及燃烧各种燃料的主要设备的平均氧化率，并扣除化石燃料非能源用途的固
碳量等，综合计算得到某个地区的碳排放量；另一种则是基于国民经济各门类的
部门方法，是自下而上（bottom-up）的方法，碳排放量是基于分部门、分燃料品
种、分设备的燃料消费量等活动水平数据以及相应的排放因子等参数，通过逐层
累加综合计算得到。参考方法的优点是易于获取数据、计算方法能够保证清单的
完整性与可比性等，但缺点是难以确定排放主体的减排责任。与之相反，部门方
法能够明确各部门减排责任，却存在时间消耗长、工作量大、难以保证可比性等
不足。尽管运用《IPCC 国家温室气体清单指南》方法编制城市清单的研究较为多
见，但该方法在城市层面的适用性一直受到学者较多质疑（Kennedy et al.，2010）。

### 2. ICLEI 的《温室气体排放方法学议定书》

为组织和推动城市温室气体减排，一些环保组织等非政府机构开发了标准化的温室气体排放量化工具和方法，ICLEI 是这一领域的典型代表。1993 年，ICLEI 发起"城市应对气候变化行动（Cities for Climate Protection，CCP）"，并于 2008 年推出了首个面向国家级别以下行政区域的《温室气体排放方法学议定书》。

此外，ICLEI 借鉴世界资源研究所（WRI）的范围（Scope）思想，将碳排放核算的范围划分为三大类：范围 1（SCOPE1）主要是指在城市行政边界内所有温室气体的直接排放；范围 2（SCOPE2）指从城市行政边界以外的地区购买电力、热力和蒸汽等，用于城市消费的二次能源所产生的温室气体间接排放，这类排放发生在城市边界以外；范围 3（SCOPE3）是指除了范围 2 之外的所有间接排放，如城市进出口商品隐含的温室气体排放。

2010 年，ICLEI 与加州空气资源局（California Air Resources Board，CARB）、加州气候行动登记处（California Climate Action Registry，CCAR）、气候变化登记处（TCR）联合推出了新版《地方政府操作议定书》（*Local Government Operation Protocol*，LGOP），修订了部分燃料系数。同时，ICLEI 还设计了温室气体评估和预测工具软件（CACP），以提高地方政府清单编制效率。

### 3. 曼彻斯特大学的《温室气体地区清单协定书》

曼彻斯特大学公布的《温室气体地区清单协定书》是一种基于交互式计算机系统的清单编制工具。GRIP 法的鲜明特点是用"水平"（Level）区别数据质量和精确性，"水平"设置类似于 IPCC 指南的层级方法。Level 1（绿色）依赖自下而上的数据源（例如家庭消费的天然气），精确性最高；Level 3（红色）数据通过自上而下法收集，用了许多替代数据，精确程度最低；Level 2（橙色）的数据质量介于两者之间。

GRIP 法还设立了情景分析工具，有利于用户在未来碳排放、能源供需状况、能源效率、技术改进等要素之间作出综合决策。该方法在一些欧洲城市（例如斯德哥尔摩、雅典、汉堡、马德里、斯图加特等）得到了广泛应用。

### 4. 中国《省级温室气体清单编制指南（试行）》

中国《省级温室气体清单编制指南（试行）》是由国家发改委气候司组织编写，旨在加强省级温室气体排放清单编制的科学性、规范性和可操作性，为编制方法科学、格式一致、数据透明、结果可比的省级温室气体清单提供相应指导。该指南参考了《IPCC 国家温室气体清单指南》，共包括七章内容。第一章至第五章分别为能源活动、工业生产过程、农业、土地利用变化和林业、废弃物处理五个领域的清单编制指南，每章主要内容包括排放源界定、排放量估算方法、活动水平数据收集、排放因子确定、排放量估算、统一报告格式等方面。第六章为不确定性，主要介绍不确定性的基本概念、不确定性产生的原因以及减少不确定性和合并不确定性的方法等。第七章为质量保证和质量控制，主要内容包括质量控制程序和质量保证程序，以及验证、归档、存档和报告等。该指南同时还给出了温室气体清单编制基本概念、省级温室气体清单汇总表和温室气体全球变暖潜势等三个附录。

　　中国《省级温室气体清单编制指南（试行）》不仅明确了各领域估算 $CO_2$ 排放量的计算公式，而且结合中国现有统计体系，给出了具体的活动水平数据来源、排放因子确定方法与调整方法。这对进一步规范中国地区碳排放量核算方法，提高碳排放量核算精度具有十分重要的意义。

　　综合来看，以上几种方法学均遵循《IPCC 国家温室气体清单指南》的指导原则，它们之间最大的区别在于对间接排放的处理。但是，这四种方法学对完整性、连续性和精确性的标准定义不同，因而按照不同规范编制的清单之间的可比性差。

## 2.2.2　清单编制的三种模式角度

　　城市 $CO_2$ 排放核算结果一般以清单形式呈现，即把城市 $CO_2$ 在各部门（或者行业）的排放量直观显现出来。现有的城市碳排放核算主要有三种模式，分别为基于生产模式、基于消费模式和生产-消费混合模式。

### 1. 生产模式

　　生产模式，又称为生产者责任模式，是将城市行政边界内的排放量编制到清单中，与 ICLEI 的 SCOPE1 相对应（图 2-1）。

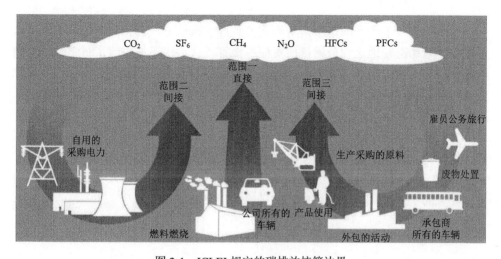

图 2-1　ICLEI 规定的碳排放核算边界

　　基于生产模式编制 $CO_2$ 清单的优点是核算范围界定方便,基础数据容易获取,估算方法简单,并且结果误差相对较小。各国向联合国提交的清单主要是按照该方法编制的。但是,该模式仅核算领土范围内的排放,使得国际交通排放无法分配到具体国家,导致减排责任不明确;同时,基于生产模式编制的 $CO_2$ 清单还会导致 $CO_2$ 排放的"责任转移",从而产生"碳泄漏"。生产模式应用于省市级的 $CO_2$ 排放核算时,类似问题也十分突出。基于生产核算城市碳排放水平,容易低估资源、能源等主要依赖进口的输入型城市的排放量,而高估输出型城市的排放量。

　　但是,生产模式提供了不同区域 $CO_2$ 排放的基础数据,而其他方法实质上是基于此方法的估算结果,再根据不同的原则(例如消费责任)进行重新分配。

　　2. 消费模式

　　消费模式主要是核算特定区域、人群(或者特定活动)所消费的产品或服务引发的二氧化碳排放,核算范围与 ICLEI 的 SCOPE3 相对应,常用方法是生命周期法和投入产出法。

　　基于该模式的碳排放核算考虑到了国际贸易中隐含的碳排放,核算结果包括排放来源和排放流向。但其缺点也是显而易见的,首先,该方法需要大量的基础数据,但有些数据难以直接获得,导致结果具有较高的不确定性;其次,它的估算方法复杂,不易理解,该方法会将生产地的排放按照消费者负责的原则纳入到消费地,可能导致生产地消极减排;最后,一国政府为了减少贸易隐含碳排放需要国际协商,因此使用该方法会给全球减排带来更大的不确定性(Wang and Watson, 2008)。

　　3. 生产-消费模式

　　为了综合基于生产和基于消费模式的碳排放核算方法的优点,部分研究提出了在生产地和消费地之间分摊排放责任的核算模式。由于城市除了日常生活用品消费外,其能源消费(例如电力、热力等)可能主要来自于城市边界之外(核算范围与 ICLEI 的 SCOPE2 相对应),这也是目前大多数城市碳排放的最主要来源。因此,在核算城市二氧化碳排放量时需要考虑电力和热力的输出或输入,采用生产-消费组合的模式。采用生产-消费模式时,应该特别注意数据质量的问题,避免重复计算或者漏算等情况。同时,生产-消费模式的核算方法同样存在核算方法相对复杂、所需基础数据量大且不易获取等问题(譬如电网输入的电力可能来自不同区域的不同电厂,单位用电量的排放水平难以估算等)。

### 2.2.3　城市排放清单编制方法

1. 边界定义

本书关注城市温室气体排放清单的编制与应用。城市的碳排放主要包括产生于能源消费过程的二氧化碳、固体废弃物填埋和生产过程的甲烷以及工业生产过程的氧化亚氮等气体类型。由于不同类型的温室气体对于全球变暖的影响存在差异，本书通过全球增温潜势（global warming potentials，GWP）将不同温室气体统一转化为当量二氧化碳（$CO_{2e}$）排放量。

城市能源消耗引起的碳排放可以进一步划分到一产、规上工业、规下工业、建筑施工业、三产、居民生活、交通和其他能耗等部门。为了便于表述，本书将规上工业、规下工业和建筑施工业能耗相关的碳排放合并为工业排放，三产和居民生活能耗相关的碳排放合并为建筑排放，一产能耗相关的碳排放划分为其他能耗部门（王海鲲等，2011）。

城市碳排放的核算边界与 ICLEI 规定的范围 1（SCOPE1）和范围 2（SCOPE2）相似。核算的边界及核算部门如图 2-2 所示，除了城市行政边界内的排放（SCOPE1）外，还考虑了与城市电力和热力消耗相关的跨境排放（SCOPE2），并且剔除城市二次能源加工转换过程（例如炼焦）重复计算造成的碳排放量高估，以及减少由于统计数据不全导致的碳排放量低估（刘竹等, 2011）。

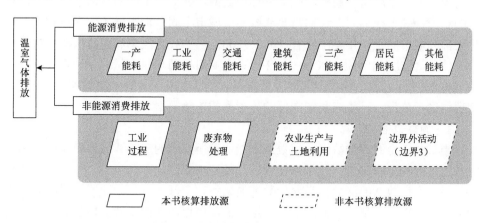

图 2-2　城市碳排放核算边界及部门

2. 数据来源

数据的收集与整理是编制和更新温室气体排放清单的重要基础，包括收集现有数据、生成新数据、调整数据等。

1）现有数据

现有数据的来源包括以下几个方面：国家、部门和城市统计机构，IPCC 排放因子数据库，国际和国内组织的出版统计资料，行业协会和专家，著作、期刊和报告，查证后的网络数据，以及《联合国气候变化框架公约》缔约国提交的国家清单报告等。

在公开出版的国内与国际数据的挑选上，同等条件下优先选取和改进国内数据，因为国内数据较之国际数据更为贴近区域实际情况，并且便于与数据的开发者联系。国际数据获得时，应该利用现有国际数据交叉检验国内数据集，这样有助于评估国内数据集的完整性以及查明可能存在的问题。对于某个特定的城市，通常无法获得编制清单所需的全部当地数据，这时可以使用全国水平数据、所在省份数据或者 IPCC 推荐数据等来替代。

碳排放清单研究中的数据分为活动水平数据和排放因子数据两大类。活动水平数据主要来自《中国统计年鉴》、《中国能源统计年鉴》、省及城市统计年鉴、统计公报、《中国城市统计年鉴》等。计算排放因子过程中用到的数据主要来自 2006 年 IPCC 报告中的缺省排放因子、《中国能源统计年鉴》、《省级温室气体清单编制指南（试行）》、《电力工业统计资料汇编》等。

2）生成新数据

如果从以上渠道无法获得所需数据，那么有必要生成新的数据。本书个别城市的少部分数据，如交通部门机动车类型数据就是估算生成的。由于各个汽车类型的年均行驶里程不同，我们需要获得各个城市不同车辆类型的保有量数据，但是大部分城市的统计年鉴中没有 2000~2002 年的载客汽车和载货汽车的进一步分类信息，因此本书利用 2000~2002 年各个城市机动车保有量总量数据和相近年份（如 2003 年）的车辆类型（如大型客车、中型客车、小型和微型客车）构成比例数据进行分配，以生成我们需要的分车型的车辆数据。

3）调整数据

当某些年份的数据缺失，或数据不能代表所要求的年份或城市范围时，需要对数据进行补充和完善，通常包括以下几种处理方法。

填补定期数据的漏缺：当原始数据的采集频率低于一年一次时，时间序列中就会存在漏缺某些年份数据的情况，这时需要根据两次调查数据以及它们之间间隔的年份，推算其时间序列数据，并对调查年份之后以及之前的数据进行预测和倒推。本书部分数据是通过其他数据推算而得的，如部分城市某些年份的机动车类型及人口数据不可得时，则通过插值等方法获得。

纳入完善后数据：随着统计知识和技术的不断完善与提升，某些地区会在最新的统计年鉴中更新和改进以往年份的统计数据。这种情况下，通常认为更新的数据更接近真实水平，需要用更新的数据集中替换以往年份的对应数据。可见，城市的碳排放清单的质量也会随着基础统计数据的完善而不断提高。

补偿质量下降的数据：当数据质量因政府部门内部调整优先工作、经济重组或资源减少而随时间下降时，可结合专家咨询、观测模拟等技术手段来补偿数据质量。同时，公开发布的国际数据以及科研成果等也为进一步补充和提高相关活动数据的质量提供又一来源。

有时可能出现不止一个数据集可以用于某个城市碳排放核算的情况，如果这些数据的范围一致并且质量相近，则可以将它们整合以提高准确性和精确度。整合方式可以通过汇聚原始数据、重新估算均值及置信区间来实现；也可以基于多个来源数据及其概率分布情况，通过随机抽样等方法合并同一数据的测量值。不过，这样做的方法更为复杂。在大多数情况下，利用专家判断就已足够确定具体值和范围。本书在核算城市碳排放时，各类数据来源及其优先顺序如表 2-1 所示。

### 3. 具体核算方法

城市能源消耗相关的碳排放核算过程主要包括：①核算工业能耗（包括规上工业、规下工业和建筑施工能耗）、建筑能耗（商业和居民生活）和其他能耗（包括一产能耗）等相关的碳排放量；②核算交通部门能源消耗的碳排放，主要通过机动车保有量、行驶里程、燃油经济性和燃料碳排放因子等数据进行估算，并且需要剔除其他部门中隐含的交通相关（譬如企业用车和居民生活用车的汽油、柴油等消耗）碳排放，以避免重复核算；③最后剔除由于发电、发热、洗精煤、炼焦及煤制油、制气、天然气液化、煤制品等二次能源加工转换过程导致的碳排放。具体核算方法如下。

1）能耗部门碳排放核算

（1）工业部门能源消耗。

工业部门能源消耗产生的碳排放的核算方法如式（2-1）所示：

$$E_{\mathrm{I}} = \sum_{i,j} C_{i,j} \times \mathrm{EF}_j \tag{2-1}$$

式中，$E_{\mathrm{I}}$ 为工业能源消耗产生的 $CO_2$ 排放量；$C$ 为工业能源消耗量；EF 为碳排放因子（以 $CO_2$ 计）；$i$ 为工业子部门，如造纸业、纺织业等；$j$ 为能源消费类型，如原煤、洗精煤、原油、天然气等。将各个工业部门的不同类型能源消费产生的碳排放汇总求和，得到工业部门能源消费产生的 $CO_2$ 排放量。

本书在核算城市碳排放时，考虑了全社会电力和热力消费产生的碳排放，即范围 1+范围 2（SCOPE1+SCOPE2）排放。因此，除了计算城市本身电力生产过程中的能源消费产生的碳排放，还要加上外购电力和热力产生的排放，或者减去

**表 2-1 城市碳排放核算过程中各类数据来源**

| 数据类型 1 | 数据类型 2 | 数据类型 3 | 数据来源 |
|---|---|---|---|
| 活动水平数据 | 能耗数据 | 全市规模以上工业企业能源消费量 | 1. 对应城市统计年鉴中"规模以上工业企业能源购进、消费及库存"；<br>2. 如果没有，则取 39 个子行业的加总值；<br>3. 如果没有 39 个子行业的能耗数据，但有规上工业总的标准煤消耗数据，则通过各子行业的总能耗（标准煤）比例，推算各子行业的分品种能耗数据；<br>4. 如个别年份无任何数据，则根据往年发展趋势推算该年能耗数据；<br>5. 如全部年份都无任何数据，则保持空白；<br>6. 对于 4 个直辖市的数据，来自能源平衡表中"工业"的数据 |
| | | 39 个工业子行业能耗数据 | 1. 来自城市统计年鉴表"主要能源按工业行业分组消费量"；<br>2. "电力和热力的生产和供应业"如无数据，则根据相近年份发电量比例进行推算 |
| | | 居民生活能耗 | 来自城市统计年鉴中的表"城市煤气、液化石油气、天然气"，将省能源平衡表中的居民生活能耗数据分配到城市 |
| | | 用电量 | 1. 对应城市统计年鉴中的表，一般是"全社会用电量"表格；<br>2. 如无，则根据前后年份变化趋势推算；<br>3. 如全部年份无数据，则按照城市和所在省份相关数据的比例进行分配，譬如：全社会用电量-一产用电量按照所在省份相关数据比例分配，农业用电量按照比例分配，建筑业用电量按照施工面积比例分配，居民生活用电量按照常住人口比例分配 |
| | | 规下工业能耗 | 1. 由于城市统计年鉴一般不单独统计规下工业能耗数据，与之相关的排放经常被忽视，进而导致对城市总体碳排放经常被低估。因此，通常需要对规下工业的能源消耗进行计算；<br>2. 规下工业用电量为"全社会用电量-一产用电量-规上工业用电-居民生活用电-建筑业用电"；<br>3. 规下工业其他能源类型对应的能耗数据根据省能源消耗进行分配 |
| | | 其他城市年鉴中未统计到的能耗（如居民生活中的煤耗等） | 根据城市所在省对应的能耗数据进行分配，分配依据为城市地区生产总值、一产增加值、三产增加值、常住人口对应省份的比重等 |

续表

| 数据类型 1 | 数据类型 2 | 数据类型 3 | 数据来源 |
|---|---|---|---|
| 活动水平数据 | 交通数据 | 出租车、公共汽车保有量 | 1. 来自对应城市的统计年鉴，如"城市公共交通情况"表格；<br>2. 如个别年份无数据，则根据发展趋势推算 |
| | | 载客、载货汽车保有量 | 1. 来自城市的统计年鉴，如"全市民用车辆拥有量"表格；<br>2. 如果城市的统计年鉴中只有载客汽车总量和载货汽车总量，或者四类汽车类型不全，则根据省各类型汽车比例进行分配，省各类型民用汽车保有量数据来自《中国统计年鉴》；<br>3. 如个别年份存在四种车辆类型，其他年份只有总量数据，或者四类汽车类型不全，则根据最近年份各类型车辆所占比例推算 |
| | | 摩托车保有量 | 1. 来自对应城市的统计年鉴，如"全市民用车辆拥有量"表格；<br>2. 如个别年份无数据，则根据前后年份数据发展趋势推算； |
| | | 农用车保有量 | 1. 来自对应城市的统计年鉴，如"全市民用车辆拥有量"表格；<br>2. 如无，则来自对应城市统计年鉴，如"农业机械拥有量"；<br>3. 如个别年份无数据，则根据前后年份数据发展趋势推算 |
| | | 年均行驶里程、燃油经济性 | 来自前期研究内容 |
| | 工业过程数据 | 工业产品产量数据 | 1. 对应城市的统计年鉴；<br>2. 对应省的统计年鉴；<br>3. 对应城市的国民经济和社会发展统计公报；<br>4. 如无任何数据，则根据前后年产量统计数据推算； |
| | | 水泥熟料比重数据 | 1. 城市有熟料产量填报信息，折算熟料产量；<br>2. 如无，根据水泥产量和熟料比例（熟料比例为所在省份的比例，来自《中国水泥统计年鉴》等） |
| | 废弃物数据 | 常住人口 | 来自对应城市的统计年鉴，如"历年人口总数" |
| | | 工业固废处置量 | 1. 来自对应城市的统计年鉴，如"工业'三废'排放处理及综合利用情况"表格；<br>2. 对应省的统计年鉴 |

续表

| 数据类型1 | 数据类型2 | 数据类型3 | 数据来源 |
| --- | --- | --- | --- |
| 排放因子数据 | 能源 | 缺省碳含量、净发热值 | 《省级温室气体清单编制指南（试行）》（优先考虑）、《中国能源统计年鉴》、IPCC推荐值 |
| | | 缺省氧化率 | 《省级温室气体清单编制指南（试行）》 |
| | | 热力排放因子 | 根据各省、自治区、直辖市热力生产过程中的输入、输出，计算得到 |
| | | 电力排放因子 | 1. 对于电力产出量大于电力消费量的城市，电力消耗排放因子采用城市电力生产排放因子；<br>2. 对于电力产出量小于电力消费量的城市，消费量超出产出量的部分采用所在城市电网排放因子，其余部分采用城市电力生产排放因子；<br>3. 城市排放因子根据"电力、热力的生产和供应业"的能耗和电力产出量计算得到；<br>4. 各大电网排放因子参考国家发改委公布的数据 |
| | 工业过程 | 钢 | 优先考虑《省级温室气体清单编制指南（试行）》推荐值，如果没有，则根据IPCC推荐数据计算 |
| | | 铁合金 | 优先对《省级温室气体清单编制指南（试行）》中各类型铁合金缺省排放因子取平均值得到排放因子，如果没有，则利用IPCC推荐值计算 |
| | | 乙烯 | 《省级温室气体清单编制指南（试行）》（优先考虑），或者根据IPCC推荐数据计算 |
| | | 铁 | 《省级温室气体清单编制指南（试行）》（优先考虑），或者根据IPCC推荐数据计算 |
| | | 铝 | 优先对《省级温室气体清单编制指南（试行）》中各类型铝生产缺省排放因子取平均值得到省排放因子，如果没有，则利用IPCC推荐值计算 |
| | | 硝酸 | 优先对《省级温室气体清单编制指南（试行）》中各不同生产方式的硝酸生产缺省排放因子取平均值得到排放因子，如果没有，则利用IPCC推荐值计算 |
| | | 水泥 | 《省级温室气体清单编制指南（试行）》 |
| | | 其他产品 | 《省级温室气体清单编制指南（试行）》（优先考虑）、IPCC推荐值 |

外销电力和热力产生的排放，以避免重复计算或者漏算。本书在讨论时会涉及城市基于生产角度（SCOPE1）的碳排放，此时仅考虑城市边界范围内能源消耗产生的排放，不考虑外购或者外销电力和热力消费导致的碳排放。

（2）交通部门能源消耗。

道路交通是城市交通运输部门碳排放的主要来源。本书中交通部门的碳排放主要是指道路交通机动车，包括载货汽车、载客汽车、摩托车等三大类型机动车能源消耗产生的碳排放。其中，载客汽车分为大、中、小、微四个车型，载货汽车分为重、中、轻、微四个车型（He et al., 2005）。交通部门能源消耗产生的碳排放的核算方法如式（2-2）所示：

$$E_T = \sum_i VP_i \times VMT_i \times FE_i \times EF_{g/d/n} \times 10^{-6} \qquad (2\text{-}2)$$

式中，$E_T$ 为交通部门油品消耗产生的 $CO_2$ 排放量；VP 为机动车保有量；VMT 为车辆年均行驶里程；FE 为车辆的燃油经济性，如车辆百千米油耗水平 L/100 km；EF 为碳排放因子（以 $CO_2$ 计），即使用单位燃料的 $CO_2$ 计排放水平（如 $gCO_2$/L）；$i$ 为不同机动车类型；$g$ 为汽油；$d$ 为柴油；$n$ 为天然气。将各种类型机动车、不同类型燃油消耗产生的碳排放汇总求和，得到城市道路交通部门的 $CO_2$ 排放量。

（3）建筑业能源消耗。

建筑业能源消耗碳排放核算方法如式（2-3）所示：

$$E_C = \sum_j C_j \times EF_j \qquad (2\text{-}3)$$

式中，$E_C$ 为建筑业能源消耗产生的 $CO_2$ 排放量；$C$ 为建筑业能源消耗量；EF 为碳排放因子（以 $CO_2$ 计），即每单位能源消耗量的 $CO_2$ 排放量；$j$ 为能源消费类型，如电、天然气、煤炭等。

（4）三产能源消耗。

三产能源消耗碳排放核算方法如式（2-4）：

$$E_S = \sum_j C_j \times EF_j \qquad (2\text{-}4)$$

式中，$E_S$ 为三产能源消费产生的 $CO_2$ 排放量；$C$ 为能源消耗量；EF 为碳排放因子（以 $CO_2$ 计），即每单位能源消耗量的 $CO_2$ 排放量；$j$ 为能源消费类型，如电、天然气、柴油等。

（5）居民生活能源消耗。

居民生活能源消费的 $CO_2$ 排放包含居民日常生活中所有能源消耗产生的 $CO_2$ 排放量，计算方法如式（2-5）所示：

$$E_R = \sum_j C_j \times EF_j \qquad (2\text{-}5)$$

式中，$E_R$ 为居民生活单元产生的 $CO_2$ 排放量；$C$ 为能源消耗量；EF 为碳排放因子（以 $CO_2$ 计），即每单位能源消耗量的 $CO_2$ 排放量；$j$ 为能源类型，主要包括天然气、液化气、电力等。

（6）一产能源消耗。

一产能源消耗主要考虑农业生产活动中的能源消耗，碳排放核算方法如式（2-6）所示：

$$E_P = \sum_j C_j \times EF_j \tag{2-6}$$

式中，$E_P$ 为农业能源产生的碳排放；$C$ 为能源消耗量；EF 为碳排放因子（以 $CO_2$ 计），即每单位能源消耗量的 $CO_2$ 排放量；$j$ 为能源消费类型，如原煤、柴油、天然气等。

2）工业过程

工业过程的碳排放主要是指在工业生产过程中，除化石燃料燃烧外的其他化学或物理转化过程产生的 $CO_2$ 排放。产生温室气体排放的主要工业过程及其对应排放量的核算方法如下。

本书在核算城市工业过程的碳排放时，主要考虑水泥和钢铁生产过程中的碳排放量，两者加和代表城市工业过程的碳排放总量。

（1）水泥生产过程。

水泥生产过程中的二氧化碳排放来自水泥熟料的生产过程。熟料是一种球状中间产品，磨细后与少量硫酸钙[石膏（$CaSO_4·2H_2O$）或硬石膏（$CaSO_4$）]加入到水凝水泥。生产熟料时，主要成分为碳酸钙（$CaCO_3$）的石灰石被加热或煅烧成石灰（CaO），同时放出 $CO_2$ 作为其副产品。然后 CaO 与原材料中的二氧化硅（$SiO_2$）、氧化铝（$Al_2O_3$）和氧化铁（$Fe_2O_3$）进行反应产生熟料。非 $CaCO_3$ 碳酸盐的原材料比例通常很小，其他碳酸盐（如果有）主要以杂质的形式存在于初级石灰石原材料之中。在熟料制造过程中最好有少量 MgO（通常为 1%～2%）用作熔剂。水泥可以完全由进口熟料制成，或者一些工业生产过程中的副产品制成（如电石渣生产熟料），这种情况下水泥生产过程可被认为没有 $CO_2$ 排放。

在煅烧过程中，生料中碳酸盐化合物分解排放出二氧化碳：

$$MgCO_3 \xrightarrow{\text{加热}} MgO + CO_2 \uparrow$$

$$CaCO_3 \xrightarrow{\text{加热}} CaO + CO_2 \uparrow$$

水泥生产过程二氧化碳排放量可由式（2-7）计算。此方法是《2006 年 IPCC 国家温室气体清单指南》推荐的方法，也是我国温室气体清单编制所采用的方法。

$$E_{CO_2} = AD \times EF_c \tag{2-7}$$

式中，$E_{CO_2}$ 是水泥生产过程二氧化碳排放量，t；AD 是省级辖区内扣除电石渣生产的熟料产量后的水泥熟料产量，t；$EF_c$ 是熟料生产过程平均排放因子，t $CO_2$/t

熟料。

由于数据的不可得性，实际计算过程中不一定能够获得城市的熟料产量数据。此时，可以通过城市水泥产量估算出城市熟料产量，方法为水泥产量乘以对应省份熟料占水泥的比重；或者，将省级熟料产量数据分配到城市。

（2）钢铁生产过程。

钢铁生产过程的二氧化碳排放主要有两个来源，分别是炼铁熔剂高温分解和炼钢降碳过程。石灰石和白云石等熔剂中的碳酸钙和碳酸镁在高温下会发生分解反应，并排放出二氧化碳。炼钢降碳是指在高温下用氧化剂（铁合金）把生铁里过多的碳和其他杂质氧化成二氧化碳或炉渣除去。

本书使用《省级温室气体排放清单指南（试行）》中缺省排放因子乘以城市钢铁产量，估算源自钢铁生产过程二氧化碳排放量，计算方法如式（2-8）所示：

$$E_{CO_2} = EF_i \times M_i + EF_s \times M_s \tag{2-8}$$

式中，$E_{CO_2}$ 为钢铁生产过程二氧化碳排放量，t；$EF_i$ 为生铁生产过程的排放因子，t $CO_2$/t 生铁；$M_i$ 为生铁产量，t；$EF_s$ 为粗钢生产过程的排放因子，t $CO_2$/t 粗钢；$M_s$ 为粗钢产量，t。

（3）铝生产过程。

原铝熔炼过程中会排放四氟化碳（$CF_4$，PFC-14）和六氟乙烷（$C_2F_6$，PFC-116）两种全氟化碳（PFCs）。电解期间，氧化铝（$Al_2O_3$）溶解到熔化的氟化物中，其中 80%的重量来自冰晶石（$NaAlF_6$）。在一种称为"阳极效应"的过程干扰情形下，碳阳极与熔化的冰晶石反应形成全氟化碳（$CF_4$ 和 $C_2F_6$）。

本书采用《省级温室气体排放清单指南（试行）》推荐方法估算铝生产过程的全氟化碳排放量，如式（2-9）所示：

$$E_{CF_4} = AD \times EF_1 \tag{2-9}$$

式中，$E_{CF_4}$ 是铝生产过程中 $CF_4$ 排放量，t；AD 是铝的年产量，t/a；$EF_1$ 是铝生产过程中的 $CF_4$ 排放因子。

$$E_{C_2F_6} = AD \times EF_2 \tag{2-10}$$

式中，$E_{C_2F_6}$ 是铝生产过程中 $C_2F_6$ 排放量，t；AD 是铝的年产量，t/a；$EF_2$ 是铝生产过程中 $C_2F_6$ 排放因子。

（4）镁生产过程。

镁生产过程六氟化硫排放来源于原镁生产中的粗镁精炼环节，以及镁或镁合金加工过程中的熔炼和铸造环节。镁生产过程六氟化硫排放量的计算方法如式（2-11）所示。此方法是《2006 年 IPCC 国家温室气体清单指南》推荐的方法，也是我国《省级温室气体排放清单指南（试行）》所采用的方法。

$$E_{SF_6} = \sum_{i=1}^{2} AD_i \times EF_i \tag{2-11}$$

式中，$E_{SF_6}$ 是镁生产过程 $SF_6$ 排放量；$AD_i$ 分别是采用 $SF_6$ 作为保护剂的原镁产量和镁加工的产量；$EF_i$ 分别是采用 $SF_6$ 作为保护剂的原镁生产的 $SF_6$ 排放因子和镁加工的 $SF_6$ 排放因子。

（5）电石生产过程。

由于电石的生产要求石灰的活性比较高，多数电石生产厂都自己生产石灰。因此，电石的生产工艺一般包括两个环节，①用石灰石为原料经过煅烧生产石灰 [式（2-12）]；②以石灰和碳素原料如焦炭、无烟煤、石油焦等为原料生产电石 [式（2-13）]。CO 气体在大多数工厂中被用作能源来源，因此，为了防止漏算，应在此考虑 CO 气体（$CaC_2$ 生产过程中产生）燃烧造成的 $CO_2$ 排放，且这种排放不应纳入能源部门中。电石生产过程的二氧化碳排放只报告第二环节的排放量，第一环节的排放在石灰生产过程部分报告。

$$CaCO_3 \rightarrow CaO + CO_2 \tag{2-12}$$

$$CaO + 3C \rightarrow CaC_2 + CO\left(+\frac{1}{2}O_2 \rightarrow CO_2\right) \tag{2-13}$$

本书采用《省级温室气体排放清单指南（试行）》推荐方法估算电石生产过程二氧化碳排放量，计算方法如式（2-14）所示。

$$E_{CO_2} = AD \times EF_e \tag{2-14}$$

式中，$E_{CO_2}$ 是电石生产过程二氧化碳排放量，t；AD 是电石产量，t；$EF_e$ 是电石的排放因子，t $CO_2$/t 电石。

（6）硝酸生产过程。

在生产硝酸（$HNO_3$）的过程中，氨气（$NH_3$）高温催化氧化过程会生成副产品氧化亚氮（$N_2O$）。形成的 $N_2O$ 量取决于燃烧条件（压力、温度）、催化剂特性以及火炉设计等，其中，反应压力对氧化亚氮生产影响最大。此外，$N_2O$ 还生成在使用氮氧化物或硝酸作为原料的其他工业过程中（例如己内酰胺、乙二醛的制造和核燃料的再处理）。如果没有采取控制措施，硝酸生产过程将是大气中 $N_2O$ 的重要来源，也是化学工业中 $N_2O$ 排放的主要来源。硝酸生产涉及三个不同的化学反应，可以概述如下：

$$NH_3 + O_2 \rightarrow 0.5N_2O + 1.5H_2O \tag{2-15}$$

$$NH_3 + 4NO \rightarrow 2.5N_2O + 1.5H_2O \tag{2-16}$$

$$NH_3 + NO + 0.75O_2 \rightarrow N_2O + 1.5H_2O \tag{2-17}$$

估算硝酸生产过程氧化亚氮排放量的计算方法如式（2-18）所示，此方法是《2006 年 IPCC 国家温室气体清单指南》推荐的方法，也是我国《省级温室气体排放清单指南（试行）》采用的方法。

$$E_{N_2O} = \sum_{i}^{7} AD_i \times EF_i \qquad (2\text{-}18)$$

式中，$E_{N_2O}$ 是硝酸生产过程氧化亚氮排放量，t；$i$ 指的是高压法（没有安装非选择性尾气处理装置）、高压法（安装非选择性尾气处理装置，NSCR）、中压法、常压法、双加压法、综合法、低压法七种技术类型；$AD_i$ 是上述七种技术的硝酸产量，t；$EF_i$ 是七种技术的氧化亚氮排放因子，t N$_2$O/t 硝酸。

（7）一氯二氟甲烷生产过程。

一氯二氟甲烷（HCFC-22）的生产过程会排放三氟甲烷（HFC-23）。HFC-23 是制造过程中副产品的无意释放。估算 HCFC-22 生产过程 HFC-23 排放量的方法如式（2-19）所示。

$$E_{HFC\text{-}23} = AD \times EF \qquad (2\text{-}19)$$

式中，$E_{HFC\text{-}23}$ 是 HCFC-22 生产过程 HFC-23 排放量，t；AD 是 HCFC-22 产量，t；EF 是 HCFC-22 生产的平均排放因子，t HFC-23/t HCFC-22。

（8）氢氟烃生产过程。

《蒙特利尔议定书》及其修正案使工业界开发并生产了多种臭氧消耗物质替代品。一些臭氧消耗物质替代品在生产和使用中会有部分气体排放到大气中，造成温室效应。氢氟烃是其中排放量比较大的一类。估算氢氟烃生产过程温室气体排放量的方法如式（2-20）所示。此方法是《2006 年 IPCC 国家温室气体清单指南》所推荐的方法，也是我国《省级温室气体排放清单指南（试行）》所采用的方法。

$$E_i = AD_i \times EF_i \qquad (2\text{-}20)$$

式中，$E_i$ 是第 $i$ 类氢氟烃生产过程的同类氢氟烃排放量；$AD_i$ 是第 $i$ 类氢氟烃产量；$EF_i$ 是第 $i$ 类氢氟烃生产的平均排放因子。

（9）纯碱生产过程。

在生产过程中，天然碱矿（制造天然纯碱的主要矿石，Na$_2$CO$_3$·NaHCO$_3$·2H$_2$O）在转炉中煅烧，并通过化学方法转化成天然纯碱，二氧化碳是此过程的副产品。根据以下化学反应可以估算纯碱生产过程的二氧化碳排放量：

$$2Na_2CO_3 \cdot NaHCO_3 \cdot 2H_2O \rightarrow 3Na_2CO_3 + 5H_2O + CO_2 \qquad (2\text{-}21)$$

根据上述化学反应，10.27 t 天然碱矿可以产生 1 t 二氧化碳。因此，对于使用天然碱矿的天然纯碱生产，可从天然碱矿输入或天然纯碱产出，采用以下公式计算得出二氧化碳的排放。

$$E_{CO_2} = AD \times EF_n \qquad (2\text{-}22)$$

式中，AD 为生产的天然纯碱量，t；$EF_n$ 为每单位天然纯碱产出的排放因子，t CO$_2$/t 天然纯碱产量。

（10）己二酸生产过程。

己二酸有多种制备工艺，其中会产生氧化亚氮的主要是传统工艺。估算己二酸生产过程氧化亚氮排放量的方法如式（2-23）所示。该方法是《2006 年 IPCC 国家温室气体清单指南》推荐的方法，也是我国《省级温室气体排放清单指南（试行）》所采用的方法。

$$E_{N_2O} = AD \times EF \qquad (2-23)$$

式中，$E_{N_2O}$ 是己二酸生产过程氧化亚氮排放量；AD 代表己二酸产量；EF 代表己二酸的平均排放因子。

3）废弃物处理

固体废物填埋产生的 $CH_4$ 占废弃物填埋温室气体排放总量的 97%。固体废物包括工业固体废物和城市生活固体废物两部分，本书采用《2006 年 IPCC 国家温室气体清单指南》中的一阶衰减模式，对固体废物填埋产生的碳排放量进行核算，公式如下：

$$E_w = 21 \times \left( \sum_x CH_{4x,T} - R_T \right) \times (1 - OX_T) \qquad (2-24)$$

式中，$E_w$ 为固体废物填埋产生的 $CH_4$，t；$T$ 为排放年份；$x$ 为废物类别；$R_T$ 为 $T$ 年回收的 $CH_4$，t；$OX_T$ 为 $T$ 年的氧化因子，%。

4. 排放因子

本书中城市碳排放核算过程中主要使用的分类型能源消费碳排放因子，以及各个工业产品生产过程的碳排放因子，如表 2-2 所示。

表 2-2　排放因子及来源

| 序号 | 分类 | 排放因子 | 单位 | 出处 |
| --- | --- | --- | --- | --- |
| 1 | 原煤 | 1.70 | t $CO_2$/t | |
| 2 | 洗精煤 | 2.21 | t $CO_2$/t | |
| 3 | 其他洗煤 | 0.70 | t $CO_2$/t | |
| 4 | 型煤 | 1.64 | t $CO_2$/t | |
| 5 | 焦炭 | 2.53 | t $CO_2$/t | 根据《2006 年 IPCC 国家温室气体清单指南》 |
| 6 | 焦炉煤气 | 6.18 | t $CO_2$/ 万 $m^3$ | 缺省碳含量、有效 $CO_2$ 排放因子、净发热值， |
| 7 | 其他煤气 | 1.93 | t $CO_2$/ 万 $m^3$ | 以及《省级温室气体清单排放指南（试行）》 |
| 8 | 天然气 | 20.93 | t $CO_2$/万 $m^3$ | 中的缺省氧化碳因子等计算得到 |
| 9 | 液化天然气 | 2.53 | t $CO_2$/t | |
| 10 | 原油 | 2.91 | t $CO_2$/t | |
| 11 | 汽油 | 2.85 | t $CO_2$/t | |
| 12 | 煤油 | 2.94 | t $CO_2$/t | |

续表

| 序号 | 分类 | 排放因子 | 单位 | 出处 |
|---|---|---|---|---|
| 13 | 柴油 | 3.03 | t $CO_2$/t | 根据《2006 年 IPCC 国家温室气体清单指南》 |
| 14 | 燃料油 | 3.09 | t $CO_2$/t | 缺省碳含量、有效 $CO_2$ 排放因子、净发热值， |
| 15 | 液化石油气 | 3.03 | t $CO_2$/t | 以及《省级温室气体清单排放指南（试行）》 |
| 16 | 炼厂干气 | 2.18 | t $CO_2$/t | 中的缺省氧化碳因子等计算得到 |
| 17 | 其他石油制品 | 3.09 | t $CO_2$/t | |
| 18 | 熟料 | 0.52 | t $CO_2$/t 熟料 | 《2006 年 IPCC 国家温室气体清单指南》熟料缺省排放因子 |
| 19 | 石灰 | 0.683 | t $CO_2$/t 石灰 | 《省级温室气体清单编制指南（试行）》 |
| 20 | 平板玻璃 | 0.2 | t $CO_2$/t 玻璃 | 《2006 年 IPCC 国家温室气体清单指南》 |
| 21 | 粗钢 | 0.2 | t $CO_2$/t 粗钢 | 《省级温室气体清单编制指南（试行）》 |
| 22 | 铁合金 | 2.82 | t $CO_2$/t 铁合金 | 《2006 年 IPCC 国家温室气体清单指南》 |
| 23 | 铁合金 | 1.1 | kg $CH_4$/t 铁合金 | 《2006 年 IPCC 国家温室气体清单指南》 |
| 24 | 铝 | 1.65 | t $CO_2$/t 铝 | 《2006 年 IPCC 国家温室气体清单指南》 |
| 25 | 铝 | 0.8 | kg $CF_4$/t 铝 | 《2006 年 IPCC 国家温室气体清单指南》 |
| 26 | 铝 | 0.13 | kg $C_2F_6$/t 铝 | 《2006 年 IPCC 国家温室气体清单指南》 |
| 27 | 乙烯 | 1.73 | t $CO_2$/t 乙烯 | 《2006 年 IPCC 国家温室气体清单指南》 |
| 28 | 乙烯 | 3 | kg $CF_4$/t 乙烯 | 《2006 年 IPCC 国家温室气体清单指南》 |
| 29 | 生铁 | 0.24 | t $CO_2$/t 生铁 | 《省级温室气体清单编制指南（试行）》 |
| 30 | 纯碱 | 0.138 | t $CO_2$/t 纯碱 | 《2006 年 IPCC 国家温室气体清单指南》 |
| 31 | 电石生产过程 | 1154 | kg $CO_2$/ t 电石 | 《省级温室气体清单编制指南（试行）》 |
| 32 | 甲醇 | 0.67 | t $CO_2$/t 甲醇 | 《2006 年 IPCC 国家温室气体清单指南》 |
| 33 | 甲醇 | 2.3 | kg $CH_4$/t 甲醇 | 《2006 年 IPCC 国家温室气体清单指南》 |
| 34 | 硝酸 | 9 | kg $N_2O$/t 硝酸 | 《2006 年 IPCC 国家温室气体清单指南》 |
| 35 | HCFC-22 生产过程 | 0.0292 | t HFC-23/t HCFC-22 | 《省级温室气体清单编制指南（试行）》 |

　　在估算城市外购电力消耗产生的范围 2（SCOPE2）排放时，外购电力的二氧化碳排放因子可以通过以下途径计算：①通过各地区火力发电过程中的能源消费量计算得到火力发电过程的碳排放；②发电过程碳排放除以各地区的火电产出量得出单位火电的碳排放；③根据火电在地区发电总量中所占比例，对各地区单位火电碳排放进行处理，得到各地区单位发电量的碳排放；④根据电网覆盖区域内各地区单位发电量的碳排放以及发电量在区域总发电量中的占比，通过加权处理，得到各电网简单电力排放因子；⑤根据电网间电力交换量对各电网简单电力排放因子进行处理，得到各电网综合电力排放因子。计算各电网电力排放因子过程中用到的能耗数据和电力产出数据主要来自《中国能源年鉴》，电力交换数据来自《中国电力年鉴》《电力工业统计资料提要》《电力工业统计资料汇编》等。

　　本书采用国家发展改革委公布的各大电网逐年的电力排放因子，如表 2-3 所示。

表2-3　各电网电力排放因子　　　（单位：t CO$_2$/（万 kW·h））

| 年份 | 华北 | 东北 | 华东 | 华中 | 南方 | 西北 |
|------|------|------|------|------|------|------|
| 2006 | 1.0585 | 1.1983 | 0.9411 | 1.2526 | 0.9853 | 1.0329 |
| 2007 | 1.1208 | 1.2404 | 0.9421 | 1.2899 | 1.0119 | 1.1257 |
| 2008 | 1.1169 | 1.2561 | 0.9540 | 1.2783 | 1.0608 | 1.1225 |
| 2009 | 1.0069 | 1.1293 | 0.8825 | 1.1255 | 0.9987 | 1.0246 |
| 2010 | 0.9914 | 1.1109 | 0.8592 | 1.0871 | 0.9762 | 0.9947 |
| 2011 | 0.9803 | 1.0852 | 0.8367 | 1.0297 | 0.9489 | 1.0001 |
| 2012 | 1.0021 | 1.0935 | 0.8244 | 0.9944 | 0.9344 | 0.9913 |
| 2013 | 1.0302 | 1.1120 | 0.8100 | 0.9779 | 0.9223 | 0.9720 |
| 2014 | 1.0580 | 1.1281 | 0.8095 | 0.9724 | 0.9183 | 0.9578 |
| 2015 | 1.0416 | 1.1291 | 0.8112 | 0.9515 | 0.8959 | 0.9457 |
| 2016 | 1.0000 | 1.1171 | 0.8086 | 0.9229 | 0.8676 | 0.9316 |
| 2017 | 0.9680 | 1.1082 | 0.8046 | 0.9014 | 0.8367 | 0.9155 |
| 2018 | 0.9455 | 1.0925 | 0.7937 | 0.8770 | 0.8094 | 0.8984 |
| 2019 | 0.9419 | 1.0826 | 0.7921 | 0.8587 | 0.8042 | 0.8922 |

　　本书中热力排放因子主要通过发热过程中消耗的能源计算得到碳排放量，再综合热力产出量，得出热力排放因子。由于热力多为本地消化，因此在热力排放因子计算过程中，不存在由于热力交换产生的影响。

　　城市排放的温室气体种类及其数量存在差异，而不同种类的温室气体对全球变暖的影响也不一样。为了便于比较不同城市温室气体排放对全球增温的影响，本书按照全球增温潜势（global warming potentials, GWP）将不同类型的温室气体排放量转化成当量的 CO$_2$ 排放，后文统称为碳排放。

　　全球增温潜势是某一给定物质在一定时间积分范围内与二氧化碳相比而得到的相对辐射影响值。因此，以二氧化碳的 GWP 值为1，其余气体与二氧化碳的比值作为该气体 GWP 值，表示各种温室气体的温室效应对应于相同效应的二氧化碳的质量。评估全球增温潜势时，一般会以一段特定长度的评估期间为准（如30年、100 年），提到全球增温潜势时也需一并说明其评估期间。需要指出的是，由于 GWP 与气体在大气中衰减的速率有关，测得的数据存在不确定性，因而随着研究的深入，数据会不断修正。IPCC 不同时期评估报告中的温室气体的全球增温潜势数据如表2-4所示。

表 2-4　不同类型温室气体在 100 年尺度下的全球增温潜势（GWP）

| 温室气体 | 化学式 | AR2-GWP | AR3-GWP | AR4-GWP | AR5-GWP |
|---|---|---|---|---|---|
| 二氧化碳 | $CO_2$ | | 1 | 1 | 1 |
| 甲烷 | $CH_4$ | | 23 | | 28 |
| 一氧化二氮 | $N_2O$ | 310 | 296 | 298 | |
| 六氟化硫 | $SF_6$ | | | | |
| 氢氟碳化合物 | （HFCs） | | | | |
| HFC-23 | $CHF_3$ | 11700 | 12000 | 14800 | 12400 |
| HFC-32 | $CH_2F_2$ | 650 | 550 | 675 | 677 |
| HFC-41 | $CH_3F$ | 150 | 97 | | 116 |
| HFC-43-10mee | $C_5H_2F_{10}$ | | 1500 | 1640 | 1650 |
| HFC-125 | $C_2HF_5$ | 2800 | 3400 | 3500 | 3170 |
| HFC-134 | $C_2H_2F_4$ | 1000 | 1100 | | 1120 |
| HFC-134a | $C_2H_2F_4$ | 1300 | 1300 | 1430 | 1300 |
| HFC-143 | $C_2H_3F_3$ | 300 | 330 | | 328 |
| HFC-143a | $C_2H_3F_3$ | 3800 | 4300 | 4470 | 4800 |
| HFC-152 | $C_2H_4F_2$ | | 43 | | 16 |
| HFC-152a | $C_2H_4F_2$ | 140 | 120 | 124 | 138 |
| HFC-161 | $C_2H_5F$ | | 12 | | 4 |
| HFC-227ea | $C_3HF_7$ | 2900 | 3500 | 3220 | 3350 |
| HFC-236cb | $C_3H_2F_6$ | | 1300 | | 1210 |
| HFC-236ea | $C_3H_2F_6$ | | 1200 | | 1330 |
| HFC-236fa | $C_3H_2F_6$ | 6300 | 9400 | 9810 | 8060 |
| HFC-245ca | $C_3H_3F_5$ | 560 | 640 | | 716 |
| HFC-245fa | $C_3H_3F_5$ | | 950 | 1030 | 858 |
| HFC-365mfc | $C_4H_5F_5$ | | 890 | 794 | 804 |
| 全氟化碳 | （PFCs） | | | | |
| 全氟甲烷 | $CF_4$ | 6500 | | | |
| 全氟乙烷 | $C_2F_6$ | 9200 | | | |
| 全氟丙烷 | $C_3F_8$ | 7000 | | | |
| 全氟丁烷 | $C_4F_{10}$ | 7000 | | | |
| 全氟环丁烷 | $C_4F_8$ | 8700 | | | |
| 全氟戊烷 | $C_5F_{12}$ | 7500 | | | |
| 全氟己烷 | $C_6F_{14}$ | 7400 | | | |

注：AR2～AR5 分别代表 IPCC 第二次～第五次评估报告。

# 2.3　城市碳排放路径研究

## 2.3.1　低碳城市影响因素

中科院《2009 中国可持续发展战略报告：探索中国特色的低碳道路》显示，制约中国城市开展低碳实践的三大因素是：对低碳理念的认识不足，中国城市化进程与低碳发展存在短期内的矛盾，以及低碳产业、低碳技术和低碳消费三大"支撑力量"尚未形成。因此，社会经济发展水平、城市建设规模、资源消耗强度、消费方式、污染物排放水平、产业结构、能源结构、生态环境质量、管理制度、基础设施建设水平、公众对低碳城市认知水平等因素都会影响低碳城市的发展程度，具体详见表 2-5。

表 2-5　低碳城市的影响因素

| 类别 | 影响因素 | 说明 |
|---|---|---|
| 城市主体水平 | 政府 | 政府领导力，包括对低碳城市建设的推动、引导、监督作用，制定宏观发展战略 |
| | 企业 | 企业积极引进、研发并使用低碳技术，生产低碳产品等 |
| | 公众 | 公众对"低碳城市"的认知度、关注度、参与度 |
| 城市发展结构水平 | 城市类型 | 根据城市资源禀赋的不同，可将城市分为资源型、旅游型、综合型、工业主导型等 |
| | 城市化水平 | 综合考量城市规模、城市化率、人口自然增长率等指标条件下的城市发展水平 |
| | 经济发展水平 | 综合考量城市 GDP、人均 GDP、工业增加值等经济指标条件下的城市发展水平 |
| | 能源结构 | 城市煤、石油、天然气等能源的消费比例，尤其关注清洁能源、可再生能源比重 |
| | 能源利用效率 | 城市能源利用过程中有效部分的占比，如单位 GDP 能耗、产业能耗、能源转换效率等指标 |
| | 产业结构 | 各产业比重，包括发展低碳产业 |
| | 消费模式 | 改变传统生活消费方式，购买节能产品，进行绿色消费 |
| | 土地利用水平 | 与城市碳汇水平相关的农业用地、森林、绿地等利用情况 |
| | 城市交通 | 城市交通系统发展情况，包括轨道交通、地面公交、出租车、私家车等 |
| | 城市建筑 | 使用低碳建筑材料、低碳设计，降低建筑碳排放 |
| 城市管理水平 | 低碳城市战略和规划 | 制定低碳城市发展战略、行动计划、规划等 |
| | 城市规划 | 制定强制性（相关的法律法规）和经济激励性低碳政策，完善低碳制度体系等 |
| | 碳排放市场 | 建立碳排放交易市场和低碳技术转让平台等 |
| | 低碳宣传和教育 | 运用不同的手段和媒介在城市各层面开展各类与低碳发展相关的宣传和教育 |
| | 城市碳排放统计 | 开展碳排放监管、核算统计，并纳入统计体系中 |

注：本表来源于中科院《2009 中国可持续发展战略报告：探索中国特色的低碳道路》。

　　可见，低碳城市的建设和发展受诸多因素影响，为了实现城市低碳转型，首先就需要对城市碳排放的影响因素进行研究，从而为制定合适的低碳发展战略和减排政策措施提供理论依据。

### 1. 碳排放影响因素

　　国内外学者在研究碳排放的影响因素时，主要将影响因素分为经济增长、能源消费、人口增长、城镇化和技术发展五类。

　　国内外学者对碳排放与经济发展之间的关系进行了广泛研究，普遍运用的工具是 EKC（environmental Kuznets curve）假设。Holtz-Eak 和 Selden（1995）提出碳排放和人均收入呈倒 U 形关系，拐点为 35428 美元/人（基于 1986 年不变价）。Wang（2013）对 138 个国家的数据（1971~2007 年）进行了抽样，并进行了实证检验，以验证二氧化碳排放与经济增长之间的关系，结果显示全球二氧化碳排放与 GDP 之间的长期关系是稳定的，32.6%的抽样国家显示两者的交叉耦合，47.1%的抽样国家相对脱钩，二氧化碳排放与经济增长之间的反馈关系与库兹涅茨提出的假设是一致的。Sengupta（1996）对宏观经济和二氧化碳排放数据进行计量经济学分析，结果表明，二氧化碳排放总量最初随着人均收入的增加而增加，并达到峰值，然后下降。但会在第三阶段增长，其特征是随着人均收入的增加，二氧化碳排放的绝对水平上升。因此，不同地区二氧化碳排放和人均收入之间的关系是 N 形的，而不是通常认为的倒 U 形。

　　能源消费是影响碳排放的重要因素之一。陶长琪和宋兴达（2010）利用我国 1971~2008 年的样本数据，运用 ARDL 模型对我国的二氧化碳排放和能源消费之间的动态关系进行了计量研究。结果表明它们之间存在长期的均衡关系，人均能源消费量对二氧化碳排放量贡献最大，其次是经济增长和对外贸易。Goodall（2007）统计了英国家庭生活中电能、石油和天然气等能耗量，定量计算为二氧化碳排放，并提出了英国国民生活的低碳标准。

　　人口增长也是重要影响因素。Dalton 等（2008）运用 PET 模型，对美国人口年龄结构和技术水平对碳排放的影响进行了研究，结果表明，人口年龄结构对碳排放的影响显著，老龄化社会有助于碳减排，其贡献程度甚至超过了技术水平的贡献程度。Qin 等（2015）基于拓展的 IPA 模型，运用回归方法对 1978~2008 年中国的人口结构对碳排放的影响进行了研究，结果发现人口结构对碳排放影响显著，家庭规模的缩小将会使得居民消费水平提高，进而导致碳排放的增加。

　　城镇化是碳排放的另一个影响因素。Svirejeva-Hopkins 和 Schellnhuber（2008）指出，城市扩张导致自然生态系统转变为城市生态系统，而生态系统的转变引发了植被、土壤碳库和碳通量的变化。Felix 等（2015）的研究结果说明了城市的规划和交通政策可以将城市能源使用的未来增长限制在 540 EJ，有助于缓解气候变化。Edward 和 Matthew（2008）对美国 10 个大城市与郊区的家庭进行了实证研究，根据家庭采暖、交通及生活能耗折算出每吨 $CO_2$ 排放的经济成本是 43 美元，并从经济学角度提出了相关政策建议。

低碳技术的发展水平直接影响着碳排放的水平和成本。这些技术包括碳捕获与封存技术、碳减排技术和低碳能源等。但是有研究表明技术水平可能带来二氧化碳排放的减少，也有可能导致二氧化碳排放的增加。

随着研究的不断发展和创新，研究者发现了影响碳排放的其他因素。Felix 等（2015）用多元回归方法，研究 10 个自变量（人均 GDP、人口密度、采暖度天数 HDDs、制冷度天数 CDDs、汽油价格、人口规模、家庭规模、城市化水平、商业中心指数和沿海地区地理位置）与温室气体排放的关系，得出结论：汽油价格、人口密度和交通端能源使用与温室气体排放的关系最为密切，其次是经济活动。相比之下，经济活动的影响主导着最终的能源消耗，并且随着气候变量 HDDs、家庭规模和城市化水平的变化而变得非常重要。

### 2. 定量评估方法

城市 $CO_2$ 排放水平是衡量城市低碳发展的重要指标。国内外学者采用多种方法，定量分析了各影响因素对城市碳排放的影响。对城市碳排放影响因素定量评估的方法主要包括以下几种。

#### 1）Kaya 恒等式

Kaya 恒等式是由日本学者 Yoichi Kaya（1989）提出的，并载入了 IPCC 报告中。它揭示了 $CO_2$ 排放与经济、政策、人口之间的联系，可以表述为

$$F = P \times \frac{G}{P} \times \frac{e}{G} \times \frac{F}{e} = P \times g \times E \times f \qquad (2\text{-}25)$$

式中，$F$ 为碳排放总量；$P$ 为总人口；$G$ 为 GDP 总量；$e$ 为总能耗；$g$ 为人均 GDP；$E$ 为能耗强度；$f$ 为排放强度。

因此，Kaya 恒等式将碳排放分解为能源结构碳强度、单位 GDP 能源强度、人均国内生产总值和人口四个影响因素。Raupach 等（2007）运用 Kaya 恒等式分析了全球和区域尺度 $CO_2$ 排放的驱动因素，发现全球和区域 $CO_2$ 排放的增加主要是由单位能源的碳强度和人口增长引起的。

#### 2）因素分解法

目前运用最为广泛的因素分解方法主要有两种，结构分解法（structural decomposition analysis，SDA）和指数分解法（index decomposition analysis，IDA）。基于消耗系数矩阵，SDA 利用投入产出表对影响排放的各种因素进行分析。在分

解过程中，SDA 会产生交互项问题，例如计算结果无法闭合、交互影响难以分解等问题。尽管使用诸如两极分解法和加权平均分解法等技术可以缓解上述问题，但是这些技术使用不同的方法将交互项合并到其他项中，导致分解结果的差异较大。此外，由于投入产出表的编制难度较大（特别是城市层面的投入产出表），本身也存在不确定性。因此，SDA 方法目前多见于对全球或者区域等宏观层面的碳排放影响因素分析。

　　IDA 方法使用部门和行业排放及社会经济数据进行分析，不仅适用于国家和地区层面，也被广泛应用在城市层面的时间序列和对比分析。IDA 包括 Laspeyres IDA 与 Divisia IDA 两大类。Ang 等（1998）通过对这两类技术的系统评价，认为 Divisia IDA 是较优的指数分解方法，能够很好地克服交叉项问题。Divisia IDA 主要包括基于算术平均权重法（AMDI）和基于对数平均权重法（LMDI）。但是，AMDI 方法有两个明显的缺点，一是不能进行因素的逆向检验，二是 AMDI 不适用数据集含有 0 值的情况。LMDI 是 Divisia IDA 的一个分支，它的优点在于分解之后不会出现残差项，分解的公式也比较简单，在国内外得到了广泛应用。

　　3）计量模型

　　运用计量模型来解释二氧化碳排放的研究非常多，其中最具有代表性的模型则是 IPAT 模型。二氧化碳排放受技术水平、富裕程度、能源结构、经济结构、人口等因素的影响，但这些因素在不同国家对二氧化碳排放的贡献是不同的。为了研究这一问题，Ehrlich 和 Holden（1972）提出建立"IPAT"方程来反映人类经济活动对环境压力的影响，该方程将环境影响（$I$, environmental impact）、人口规模（$P$, population）、人均财富（$A$, affluence）和影响环境的技术水平（$T$, technology）反映在一个等式中，即 $I = PAT$。该模型是一个被广泛认可的分析人类活动对环境影响的公式，广泛应用于分析环境变化的决定因素。

　　由于 IPAT 模型是通过改变一个因素，其他因素保持不变来分析问题，只能反映各变量之间的等比例关系，一些学者为了克服这一不足，在 IPAT 模型基础上引入随机因素，通过建立随机模型来分析自变量与环境之间的非比例影响，也就是 STIRPAT 模型（stochastic impacts by regression on population, affluence, and technology）。

$$I_i = aP_i^b A_i^c T_i^d \varepsilon_i \tag{2-26}$$

式中，$I$ 表示环境影响（例如二氧化碳排放量），$P$ 为人口，$A$ 为财富，$T$ 为技术水平，这三个因素为二氧化碳排放量的主要驱动因素；$i$ 为相应年份，$\varepsilon$ 为随机干扰项，$a$ 为常数项，$b$、$c$、$d$ 为 $P$、$A$、$T$ 的对应系数。

### 2.3.2 城市碳排放预测模型

1. 温室气体-空气污染交互协同模型（greenhouse gas-air pollution interactions and synergies，GAINS）

GAINS 模型由国际应用系统分析研究所（International Institute for Applied Systems Analysis, IIASA）开发，是一个用于提供同时实现温室气体减排目标与空气污染减排目标的最优政策手段的模型。GAINS 模型基于社会经济-人口增长的背景条件，预测产生的能源使用以及农业部门受到的影响，耦合基准污染物排放清单，利用内建的排放控制措施数据库，模拟控制污染物和温室气体排放产生的环境与健康效益以及控制措施造成的成本，随后基于成本效益分析对污染控制政策进行优化，以"达到环境浓度目标"和"最优成本控制"为目标，输出污染物和温室气体控制措施列表。GAINS 模型主要评估路线如图 2-3 所示。

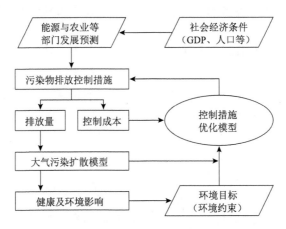

图 2-3 GAINS 模型技术流程图

由于 GAINS 模型可以综合考虑温室气体控制和污染物减排措施带来的成本与效益，并且模块化地分解了影响污染物排放活动水平的社会经济发展的影响因素，因此 GAINS 模型及其理论框架近年来被广泛应用于区域减排方案的优化上。但是，GAINS 模型也存在不足：①GAINS 模型的线上版本使用的内建数据较为陈旧，无法反映中国城市近年来污染控制水平和社会经济发展的过程；②GAINS 模型基于环境浓度目标和温室气体排放总量目标，对控制措施的成本效益进行了约束和优化，但是这两个制约条件可能并非特定的城市在设计低碳发展路线时需要讨论的要点；③GAINS 模型的社会经济发展基本驱动来源于其他研究的预测，并不能直接反映城市规划预期的社会经济发展程度。

2. 全球变化分析模型（global change analysis model，GCAM）

GCAM 模型由马里兰大学与美国太平洋西北国家实验室创办的全球变化联合研究所（JGCRI）开发，该模型是描述人类-地球耦合系统动态变化以及该系统对全球气候变化响应的综合工具。GCAM 是一个全球模型，将整个人类-地球耦合系统划分为宏观经济、能源供给、农业及用地、供水以及地球物理五个子系统，每个子系统根据其模拟的内容又划分为多个国家和地区的不同模拟对象。

GCAM 的宏观经济模块基于市场一般均衡理论，依照社会经济系统中的价格因素受经济行为和政策行为的影响，推算出市场均衡与能源、土地和水资源的供需关系变化，从而推演出来自于能源使用水平、农业活动水平以及其他生产活动造成的排放。GCAM 模型的主要评估流程如图 2-4 所示。

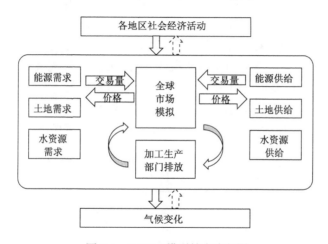

图 2-4　GCAM 模型技术流程图

虽然 GCAM 模型已经广泛应用于人类社会行为与气候变化之间的关联性研究，但也存在不足：①GCAM 模型是一个全球模型，其宏观经济子模型包括了全球 32 个国家和地区之间的系统性交互，尽管近年来清华大学在 GCAM 模型的基础上开发了适用于中国地区的省际交互影响模型 GCAM-China，但其仍不能够对某区域进行单独的模拟；②GCAM 模型模拟的结果，如能源预测及排放预测等，在全球层面上的模拟效果较好，但在进行区域尺度的模拟时，其模拟结果具有较大的不确定性。这是因为 GCAM 依赖一般均衡理论作为其核心的社会经济交互，而一般均衡理论在小尺度模拟与预测上往往存在不够精确的问题。

3. 长期替代能源规划系统模型（the long-range energy alternatives planning system，LEAP）

　　LEAP 模型是瑞典的斯德哥尔摩环境研究所（Stockholm Environment Insititute, SEI）以及美国波士顿 Tellus 研究所一起研究开发的计量经济学模型，用于能源政策分析和气候变化减缓评估。LEAP 是一个集成的、基于场景的建模工具，可用于跟踪所有经济部门的能源消耗、生产和资源开采（图 2-5）。它可以用来解释能源部门和非能源部门温室气体排放源和汇。除了跟踪温室气体排放，LEAP 还可以用来分析地区空气污染物的排放，以及短期气候污染物（short-lived climate pollutants, SLCPs），使其非常适合研究当地空气污染减排的气候共同效益。LEAP 模型本身带有环境数据库（the technology environmental database），且数据库较为详细，具有世界上各个国家不同技术种类的排放指标的数据。LEAP 模型具有数据输入透明、灵活度高等特点，模型可以根据所得数据的情况灵活调整（Connolly et al., 2010），所以被广泛应用在国家和城市中长期能源环境规划中。LEAP 模型可以根据研究对象的要求自由选择适应的模型和数据框架，包括能量供给、能量转换和最终能源需求三个方面，几乎将所有的能源需要、加工、运输、配送和终端的运用都包含其中，能够较好地对各种能源情景进行模拟研究。

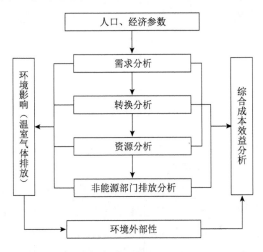

图 2-5　LEAP 模型技术流程图

4. 情景分析法

　　通过分析各城市经济、社会、人口、环境等因素，运用情景分析法对城市未来的碳排放趋势进行预测，获得不同情景下城市未来碳排放的情况，合理设置城市发展路径。

情景分析法是假定某种现象或趋势持续到未来的前提下，对可能出现的情况或引起的后果做出评估的方法。情景分析法充分考虑了不同经济增长速度、能源消费结构、产业结构调整、技术进步水平等驱动因素对城市未来碳排放趋势的影响，基于驱动因素参数的设定，设置不同的碳排放情景，定量分析与定性分析相结合地研究在实现既定的经济发展目标下，不同的政策选择对排放的影响，更有效地对政策举措进行预评估，进而梳理出未来城市可能的碳排放之路。

情景分析法的基本思路：①从解释既定的经济社会发展目标入手，对能源消费、资源可获得性、产业结构调整、技术进步水平等重大因素进行诠释，设计出不同的温室气体排放情景；②在此基础上，基于各个部门的具体分析，探讨不同情景下的温室气体排放量；③通过分析不同情景下的减排潜力，以及不同驱动因素对碳减排的贡献率，进而探讨实现低碳发展的路线图，以及相关的战略取向和政策选择。

采用情景分析法对城市长时间尺度碳排放趋势进行分析，是本书介绍城市低碳发展路径规划时使用的主要方法。首先，以基准年的发展趋势为基础给出基准情景，假定影响碳排放的主要因素（能源结构、能源效率、产业结构、经济社会发展和技术水平等）继续保持基准年水平或者沿袭基准年的趋势，它反映了在政策和外部环境不发生重大变化情况下，城市碳排放的可能状况，这一假设的主要作用是为其他政策情景提供参照系，并揭示未来政策需要着重解决的问题。然后，在此基础上，根据驱动因素的主要风险和调整方案，设计不同的政策情景。譬如，本书在对例案城市进行分析时，设计了 4 个对照情景，分别是能源结构主导情景、产业结构主导情景、技术主导情景、综合减排情景（表 2-6），这 4 个情景都是探讨在既定的经济社会发展目标下的可持续发展情景，均可作为减缓未来 $CO_2$ 排放的情景。

表 2-6　拟用情景分析法设定的各情景说明

| 情景名称 | 简称 | 情景描述 |
| --- | --- | --- |
| 基准情景 | BAU | 充分考虑城市发展的需求和愿望，假定能源结构、能源效率、产业结构、经济社会和技术水平等维持基准年的发展状况 |
| 能源结构<br>主导情景 | ESD | 考虑把调整能源结构作为转变能源发展方式的关键措施，加快发展新能源和可再生能源，加快实现从主要依靠化石能源向清洁高效、低碳优质能源结构转变 |
| 产业结构<br>主导情景 | ISD | 综合考虑城市科学发展的主题要求，以及全面实现新兴产业倍增、服务业提速、传统产业升级等的总体部署，经济发展模式发生转变，医药制造、高端装备制造等战略性新兴产业有一定发展，高污染、高耗能产业比重有所下降；同时假定技术水平、能源结构等不发生变化<br>该情景下，设置 2 个发展方案：低方案和高方案。低方案和高方案代表了不同的调整力度 |

续表

| 情景名称 | 简称 | 情景描述 |
|---|---|---|
| 技术主导情景 | TD | 充分考虑城市当前的节能减排措施，未来主要节能减排技术进一步得到开发，关键低碳技术获得重大突破，重大节能减排技术成本下降更快，并得到普遍利用；同时假定产业结构不发生变化 |
| 综合减排情景 | ICR | 该情景下，设置 2 个发展方案：低方案和高方案。低方案和高方案代表了不同的调整力度综合考虑城市未来到某一年能源结构、能源效率、产业结构、经济社会和技术水平等驱动因素综合发展的减排效果 |
| | | 该情景下，设置 4 个发展方案：低方案、高方案和中方案 1、中方案 2。4 个发展方案代表不同的调整力度，分别为产业结构主导情景和技术主导情景中的低方案和高方案的两两组合 |

# 参 考 文 献

戴亦欣. 2009. 低碳城市发展的概念沿革与测度初探[J]. 现代城市研究, 24(11): 7-12.

付允, 刘怡君, 汪云林. 2010. 低碳城市的评价方法与支撑体系研究[J]. 中国人口·资源与环境, 20(8): 4.

国家发改委气候司. 2011. 《省级温室气体清单编制指南(试行)》[R].

胡鞍钢. 2008. "绿猫"模式的新内涵——低碳经济[J]. 世界环境, (2): 26-28.

刘竹, 耿涌, 薛冰, 等. 2011. 城市能源消费碳排放核算方法[J]. 资源科学, 33(7): 6.

马翠梅, 徐华清, 苏明山. 2013. 温室气体清单编制方法研究进展[J]. 地理科学进展, 32(3): 400-407.

陶长琪, 宋兴达. 2010. 我国 $CO_2$ 排放、能源消耗、经济增长和外贸依存度之间的关系——基于 ARDL 模型的实证研究[J]. 南方经济, (10): 49-60.

王海鲲, 张荣荣, 毕军. 2011. 中国城市碳排放核算研究——以无锡市为例[J]. 中国环境科学, 31(6): 10.

王勇. 2012. 中国低碳城市建设的对策研究——基于行为主体分析的视角[J]. 科技管理研究, 032(15): 38-46.

夏堃堡. 发展低碳经济 实现城市可持续发展[J]. 环境保护, 2008(3): 33-35.

Ang B W, Zhang F Q, Choi K H. 1998. Factorizing changes in energy and environmental indicators through decomposition[J]. Energy, 23 (6): 489-495.

Arrhenius S. 1896. On the influence of carbonic acid in the air upon the temperature of the ground[J]. The London, Edinburgh, and Dublin Philosophical Magazine and Journal of Science, 41(251): 237-276.

Carney S, Shackley S. 2009. The greenhouse gas regional inventory project (GRIP): designing and employing a regional greenhouse gas measurement tool for stakeholder use[J]. Energy Policy, 37(11): 4293-4302.

Connolly D, Lund H, Mathiesen B V, et al. 2010. A review of computer tools for analysing the integration of renewable energy into various energy systems[J]. Applied energy, 87(4): 1059-1082.

Dalton M, O'Neill B, Prskawetz A, et al. 2008. Population aging and future carbon emissions in the United States [J]. Energy Economics, 30 (2): 642-675.

Edward L G, Matthew K. 2008. The greenness of city[J]. Rappaport Institute Taubuman Center

Policy Briefs, (3).

Ehrlich P R, Holdren J P. 1972. One-dimensional economy[J]. Bulletin of the Atomic Scientists, 28(5): 16-27.

Felix C, Giovanni B, Robert B, et al. 2015. Global typology of urban energy use and potentials for an urbanization mitigation wedge[J]. Proceedings of the National Academy of Sciences of the United States of America, 112 (20): 6283-6288.

Fong W K, Matsumoto H, Lun Y F. 2009. Application of System Dynamics model as decision making tool in urban planning process toward stabilizing carbon dioxide emissions from cities[J]. Building and Environment, 44(7): 1528-1537.

Goodall C. 2007. How to Live a Low-Carbon Life: the Individual's Guide to Tackling Climate Change[M]. London: Earthscan Publication.

He K, Huo H, Zhang Q, et al. 2005. Oil consumption and $CO_2$ emissions in China's road transport: current status, future trends, and policy implications[J]. Energy Policy, 33(12): 1499-1507.

Holtz-Eakin D, Selden T M. 1995. Stoking the fires? $CO_2$ emissions and economic growth[J]. Journal of Public Economics, 57(1): 85-101.

ICLEI. 2008. International Local Government GHG emissions analysis protocol[R].

Kaya Y. 1989. Impact of carbon dioxide emission control on GNP growth: interpretation of proposed scenarios[J]. Paris: Intergovernmental Panel on Climate Change/Response Strategies Working Group, May.

Kennedy C, Steinberger J, Gasson B, et al. 2010. Methodology for inventorying greenhouse gas emissions from global cities[J]. Energy Policy, 38(9): 4828-4837.

Peters M, Fudge S, Sinclair P. 2010. Mobilising community action towards a low-carbon future: Opportunities and challenges for local government in the UK[J]. Energy Policy, 38(12): 7596-7603.

Qin D, Ding Y, Mu M. 2015. Climate and Environmental Change in China: 1951–2012[M]. Berlin: Springer.

Raupach M R, Marland G, Ciais P, et al. 2007. Global and regional drivers of accelerating $CO_2$ emissions[J]. Proceedings of the National Academy of Sciences of the United States of America, 104(24): 10288-10293.

Sengupta R. 1996. $CO_2$ emission-income relationship: policy approach for climate control [J]. Pacific and Asian Journal of Energy, 7 (2): 207-229.

Shimada K, Tanaka Y, Gomi K, et al. 2007. Developing a long-term local society design methodology towards a low-carbon economy: An application to Shiga Prefecture in Japan[J]. Energy Policy, 35(9): 4688-4703.

Svirejeva-Hopkins A, Schellnhuber H J. 2008. Urban expansion and its contribution to the regional carbon emissions: Using the model based on the population density distribution[J]. Ecological Modelling, 216(2): 208-216.

Wang K M. 2013. The relationship between carbon dioxide emissions and economic growth: quantile panel-type analysis[J]. Quality & Quantity, 47 (3): 1337-1366.

Wang T, Watson J. 2008. China's carbon emissions and international trade: implications for post-2012 policy[J]. Climate Policy, 8(6): 577-587.

# 第3章　中国城市碳排放特征与驱动因素

本章内容旨在介绍中国 50 个典型城市的碳排放特征及变化趋势，分别从时间、尺度进行归纳分析，并总结其中规律。在变化趋势分析的基础上，基于定量的分解计算方法，尝试对造成 50 个典型城市的碳排放变化的社会、经济、技术驱动力影响进行分解分析。最后以苏州市为例，结合其详细的社会经济发展情况，深入分析了其在城市发展、技术优化等方面对碳排放造成的影响，为城市级碳排放驱动因素的分解分析提供了范例。

## 3.1　典型城市的选取

本书选取典型城市的原则有：①考虑不同类型城市的产业结构和发展水平，保证每个省份都至少有一个城市（未包括西藏、香港、澳门和台湾）；②在数据可得的情况下，尽量包含比较多的低碳试点城市；③经济发达城市的碳排放量较大，也代表着中国城市未来的发展趋势，可以适当多选取。

基于以上原则，本书所选的典型城市主要包括中国四个直辖市、各省（自治区）省会（首府）城市（拉萨除外）、长三角区域城市及其他城市共计 50 个，如表 3-1 所示。

表 3-1　50 个中国城市名称和编号

| 城市编号 | 城市名称 | 城市编号 | 城市名称 | 城市编号 | 城市名称 |
|---|---|---|---|---|---|
| 1 | 深圳 | 14 | 保定 | 27 | 西宁 |
| 2 | 广州 | 15 | 南昌 | 28 | 贵阳 |
| 3 | 北京 | 16 | 南宁 | 29 | 哈尔滨 |
| 4 | 上海 | 17 | 昆明 | 30 | 长春 |
| 5 | 西安 | 18 | 长沙 | 31 | 济南 |
| 6 | 成都 | 19 | 南通 | 32 | 邯郸 |
| 7 | 重庆 | 20 | 合肥 | 33 | 大连 |
| 8 | 沈阳 | 21 | 厦门 | 34 | 宁波 |
| 9 | 杭州 | 22 | 郑州 | 35 | 石家庄 |
| 10 | 武汉 | 23 | 福州 | 36 | 无锡 |
| 11 | 天津 | 24 | 扬州 | 37 | 常州 |
| 12 | 南京 | 25 | 徐州 | 38 | 呼和浩特 |
| 13 | 海口 | 26 | 青岛 | 39 | 苏州 |

| 城市编号 | 城市名称 | 城市编号 | 城市名称 | 城市编号 | 城市名称 |
|---|---|---|---|---|---|
| 40 | 兰州 | 44 | 唐山 | 48 | 连云港 |
| 41 | 太原 | 45 | 临汾 | 49 | 宜昌 |
| 42 | 乌鲁木齐 | 46 | 遵义 | 50 | 镇江 |
| 43 | 银川 | 47 | 盐城 | | |

这 50 个城市的区域覆盖范围很广，考虑到产业结构和经济发展水平，包含了中国不同类别的城市。既包含工业型城市，如石家庄、唐山、南京等；也包含服务型城市，如上海、深圳和杭州等；还有青岛和昆明等综合型城市。从欠发达的城市（例如遵义，2010 年的人均 GDP 为 4480 美元，基于 2011 年购买力评价）到发达城市（例如深圳，2010 年人均 GDP 为 27900 美元）均有包括。

## 3.2　碳排放驱动因素分解

分析城市碳排放的变化趋势离不开对原因的探究。即究竟是何种原因导致了这种变化？这里我们使用数学方法将城市碳排放的变化趋势定量地拆分归纳到几个影响其排放的主要因素上。

### 3.2.1　碳排放驱动因素分类

根据日本学者茅阳一（かや ょういち，Kaya, 1989）早年提出的数学框架[式（2-25）]，影响地区碳排放的众多驱动因素可以概括地归纳为人口总量、经济活动、能耗强度和排放强度四个因素，该框架后来被命名为 Kaya 恒等式。在 Kaya 恒等式中，人口总量和经济活动代表着地区生产与生活对能源消费的需求；能耗强度和排放强度代表着地区能源系统满足单位能耗需求所产生的碳排放。

1. 人口因素

人口因素反映的是地区人口总量变化对碳排放的影响。人类生活是二氧化碳的重要排放源，随着人口的增长，交通、商业和生活等领域的能源需求会相应增加。虽然近 20 年来，我国人口增速放缓，但是人口基数大，并且城市化进程加快，大量的人口由能源需求较低的农村地区迁往能源需求更高的城市地区，导致了中国能源需求的激增。

2. 经济因素

经济因素反映的是地区经济发展水平对碳排放的影响，一般以 GDP 或人均

GDP 表示。经济因素变化代表着地区生产规模和产业结构的变化，从中国的地区发展经验来看，城市经济水平的提高一般情况下意味着其工业和服务业的结构与规模相辅相成地发展。本书中 50 个中国城市的人均 GDP 从 2000 年的 6221 美元增长到 2015 年的 22852.86 美元，年均增长率达到 9.06%。

### 3. 能耗强度因素

能耗强度是指地区产出单位 GDP 所需的化石能源消耗量。它一方面反映了地区所采用的能源结构的清洁程度；另一方面，它也反映了经济增长过程中的能源利用效率，能耗强度越低，消耗的化石能源越少，则能源利用效率越高。能耗强度往往与区域的产业结构及节能技术水平关系密切。

### 4. 排放强度因素

这里的排放强度是指化石能源消耗所导致的碳排放量。排放强度一方面是能源的物理属性，即不同品种能源由于含碳量差异带来的单位碳排放变化；但另一方面，由于在计算能耗总量时，通常使用归一化的标准煤消耗量作为单位，因此这里的排放强度也能够在一定程度上反映地区化石能源消费的结构。

### 3.2.2　驱动因素分解模型

为了定量研究以上四个驱动因素对我国城市碳排放的影响，本章对 Kaya 恒等式应用了对数平均迪氏指数法（the logarithmic mean Divisia index，LMDI），对 2000～2015 年间影响中国城市碳排放的主要驱动因素进行了定量分解。

根据 Kaya 恒等式[式（2-25）]，二氧化碳排放总量（$F$）的变化量可以由人口（$P$）、经济（$g$）、能耗强度（$E$）和排放强度（$f$）的变化量来表示，所以 $t$ 年相对于基准年的二氧化碳排放变化量可表示并拆分为

$$\Delta F = F^t - F^0$$
$$= P^t g^t E^t f^t - P^0 g^0 E^0 f^0 \qquad (3\text{-}1)$$
$$= \Delta F_P + \Delta F_g + \Delta F_E + \Delta F_f + \Delta F_{\mathrm{rsd}}$$

式中，$\Delta F_P$、$\Delta F_g$、$\Delta F_E$、$\Delta F_f$ 分别表示各驱动因素变化对排放量变化的贡献值；$\Delta F_{\mathrm{rsd}}$ 表示分解余量。

为了消除残差项的影响，Ang 等（1998）年提出了 LMDI 方法，可以表达为

$$\Delta F_P = \omega(t) \times \ln\left(\frac{P^t}{P^0}\right)$$

$$\Delta F_g = \omega(t) \times \ln\left(\frac{g^t}{g^0}\right)$$

$$\Delta F_E = \omega(t) \times \ln(\frac{E^t}{E^0})$$

$$\Delta F_f = \omega(t) \times \ln(\frac{f^t}{f^0})$$

（3-2）

其中：$\omega(t) = \dfrac{\left(F^t - F^0\right)}{\ln\left(F^t\right) - \ln\left(F^0\right)}$。

这样，可以消除残差项的影响 $\Delta F_{rsd} = 0$

$$\begin{aligned}\Delta F_{rsd} &= \Delta F - \left(\Delta F_P + \Delta F_g + \Delta F_E + \Delta F_f\right) \\ &= F^t - F^0 - \omega(t) \times [\ln(\frac{P^t}{P^0}) + \ln(\frac{g^t}{g^0}) + \ln(\frac{E^t}{E^0}) + \ln(\frac{f^t}{f^0})] \\ &= F^t - F^0 - \omega(t) \times \ln(\frac{F^t}{F^0}) \\ &= 0 \end{aligned}$$

（3-3）

## 3.3　中国城市碳排放特征

### 3.3.1　城市总体碳排放分析

#### 1. 碳排放时间序列分析

将中国 50 个城市的排放总量与美国二氧化碳信息分析中心（Carbon Dioxide Information Analysis Center，CDIAC）评估的中国碳排放总量进行比较，并对其贡献程度进行分析，结果见表 3-2。中国 50 个城市 2015 年的常住人口为 4.15 亿人，占中国总人口的 30.20%，而 50 个城市的 GDP 为 94878.7 亿美元[①]，超过了中国

表 3-2　中国 50 个城市碳排放及关键指标（2015 年）

| 指标 | 中国 | 50 城市 | 50 城市/全国 |
|---|---|---|---|
| 常住人口/百万人 | 1374.62 | 415.17 | 30.20% |
| GDP/十亿美元，PPP | 18607.31 | 9487.87 | 50.99% |
| 人均 GDP/（美元/人） | 13536.33 | 22852.86 | 1.69 倍 |
| $CO_2$ 排放/亿 t | 102.15 [a] | 34.85 | 34.12% |
| 人均 $CO_2$ 排放/t | 7.43 | 8.40 | 1.13 倍 |

a.数据来自美国二氧化碳信息分析中心，碳排放包括化石燃料燃烧和水泥生产的排放。

---

① 文中的 GDP 是按照购买力平价衡量的 GDP，基于 2011 年不变价美元。

GDP 总量的一半（50.99%）；与此同时，50 个城市 $CO_2$ 排放为 34.85 亿 t，占到了全国排放的 34.12%，高于其人口占比约 4 个百分点。50 个城市的人均碳排放是全国人均碳排放的 1.13 倍，城市与城市之间差异很大，人均碳排放最小的是海口（3.10 t），最大的是唐山（31.20 t）。

对中国 50 个城市的总体碳排放情况进行分析，如图 3-1（a）所示，2000～2015 年 50 城市碳排放显著增长，年均增长率达到 7.59%，排放量由 2000 年的 11.64 亿 t 增长到 2015 年的 34.85 亿 t，2015 年的排放量相当于 2000 年的 3 倍。50 个城市碳排放总量呈现先快速增长后增速减缓的趋势，从 2000 年到 2012 年排放逐年增长，年均增长率达 9.55%，从 2000 年的 11.64 亿 t 增加到 2012 年的 34.78 亿 t。2012 年之后，开始缓慢震荡下降，排放量随后开始下降，2013 年下降到 34.34 亿 t，并逐渐达到稳定水平，2013～2015 年又缓慢增加到 34.85 亿 t，2012～2015 年年均增长率只有 0.74%，这主要与中国近几年经济发展模式转变以及经济增长速度放缓有关（Wang et al., 2019）。

如上所述，2008 年金融危机后，中国政府采取了一系列措施对产业结构进行转型升级，中国经济进入"新常态"。因此，从金融危机前后分阶段来分析中国碳排放显得尤为重要。我们可以将 2000～2015 年期间中国 50 城市的总排放分为四个阶段：入世阶段（2000～2004 年）、高经济增长阶段（2004～2008 年）、金融危机后阶段（2008～2012 年）和经济新常态阶段（2012～2015 年）。在这四个阶段

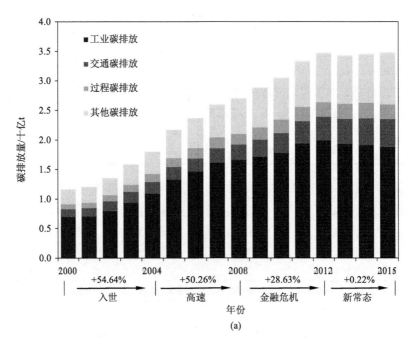

(a)

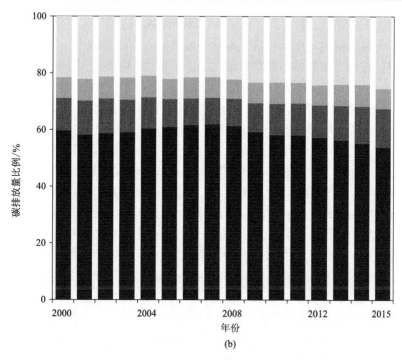

图 3-1　中国 50 城市碳排放量及构成情况（2000～2015 年）

中，加入世贸组织之后，中国 50 个城市碳排放增长率达到 54.64%；金融危机（2008 年）之前的经济高速发展阶段，排放增长率达到 50.26%；金融危机之后排放增长率下降到 28.63%；在 2012 年经济进入新常态后，增长率急剧下降至 0.22%。

对分行业排放进行分析，如图 3-1（b）所示，各行业碳排放量占比相对稳定，对 2000～2015 年各行业贡献比例取平均值，工业（包括工业能源和工业过程）对这些城市的碳排放总量贡献为 65%，交通为 10% 左右，其他部门碳排放量占比在 25% 左右。各行业整体排放有所增加，但增速在减缓。由于中国正处于城市化和工业化高速发展的阶段，高人口密度的城市也是工业生产的聚集地，所以工业部门仍然是最主要的碳排放来源。2000～2015 年，这 50 个中国城市的工业碳排放量增长了 1.7 倍，年均增长率为 6.85%。但近几年来，工业能耗排放增速放缓，2012 年工业能耗排放甚至出现了负增长（–2.92%）；2012～2015 年工业能耗排放持续缓慢减少。2015 年工业过程碳排放和交通碳排放分别为 2000 年的 2.9 倍和 3.6 倍，交通碳排放年均增长率达到 8.85%，这与中国机动车保有量快速增长有关，据公安部统计，截至 2016 年底，全国机动车保有量已达到 2.9 亿辆。

分城市排放来看，50 个中国城市各自的排放也存在较大差异。2000 年、2005 年、2010 年、2015 年这 4 年的排放总量和人均排放水平如图 3-2 和图 3-3 所示。

从碳排放总量上看（图 3-2），50 个城市保持总体上升的趋势，也有个别城市的排放出现下降趋势（如北京、上海和广州等经济发达城市）。上海、北京、广州、深圳等 4 个超大城市，由于经济发展水平较高，人口规模较大，碳排放量也整体偏高，但也正因为这些城市经济发展迅速，产业结构不断优化，加上产业转移的情况，部分城市碳排放开始有下降趋势（例如上海和北京 2012 年之后开始下降）。唐山作为河北省的经济中心，加上承接了北京重工业的转移，其碳排放总量在 2000～2012 年之间增长迅速，2015 年唐山市的二氧化碳排放量处于 50 个城市首位（243.39 百万 t），比上海市（224.77 百万 t）还高。南京市和苏州市的碳排放远远高于江苏省内其他城市，由于南京市工业基础较好，其能源消费结构主要以化石能源为主，工业能源消费是南京市二氧化碳排放的最大贡献者，特别以扬子石化、南钢集团等为代表的高能耗行业对煤、原油等需求较大，其 2015 年原煤的使用量达 2741.14 万 t。2016 年，苏州市工业产值占全市 GDP 的 43.3%，而重工业占工业总产值的 75%，占比较大的能源密集型产业导致了大量化石燃料被消耗。在苏州市的能源消费构成中，煤炭作为主要能源提供了超过 85% 的能量。苏州的工业部门，包括工业能源消耗和工业过程，占苏州市碳排放总量的 80% 以上。合肥市 2011 年的碳排放量急剧增长，主要是因为其行政区划调整，新设的县级巢湖市和庐江县由合肥市代管，这意味着合肥市管辖区域多了庐江县与县级巢湖市，行政边界变大，所以合肥排放量突增。

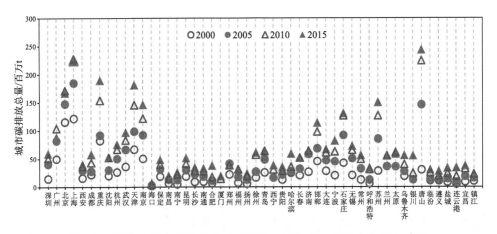

图 3-2　中国 50 城市排放总量（2000 年、2005 年、2010 年、2015 年）

从人均碳排放水平看（图 3-3），50 个城市的碳排放量自 2000 年以来基本保持上升趋势，但也有个别城市人均碳排放有所下降，如北京、上海和青岛。华北某些城市的人均碳排放量较高，例如唐山，这主要是因为其排放总量很高。然而，人均碳排放量较高的城市与排放总量较高的城市并不完全对应。人均碳排放水平较高的城市中，西宁和银川近几年的人均碳排放量增长迅速，但其排放总量在 50

个城市中并不高，这两个市较少的人口数量，导致它们较高的人均排放量。我国 4 个直辖市的排放总量较高，但人均排放量却并不靠前，直辖市中人均排放量最高的天津是 11.90 t/人，远低于银川的 25.79 t/人。这说明大城市虽然总排放较高，但是由于资源集中，能源效率较高以及积极实施减排措施，人均碳排放水平与 50 个城市的平均水平（8.96 t/人）相当，人均排放和总排放都有下降趋势。Güneralp 等（2017）的研究表明，密集的城市发展形态可以导致城市整体能源使用减少；相反，一些中西部城市，虽然其总排放量不高，但是人均排放却很高，甚至排到了全国前列，而且有向高碳路径发展的趋势，值得政策制定者关注。

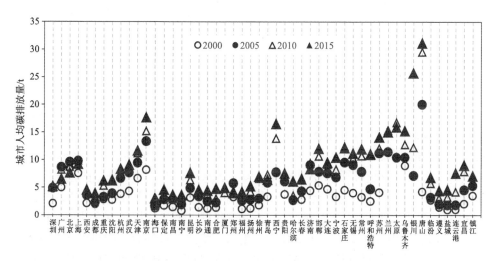

图 3-3　中国 50 城市人均排放（2000 年、2005 年、2010 年、2015 年）

从碳排放强度（单位 GDP 的碳排放量）水平来看，绝大部分城市的碳排放强度逐年下降，表明我国城市能源利用效率的提高和产业结构的升级，但也有个别城市（如银川市）有所上升。唐山市和宜昌市的碳排放强度在 2005 年前（宜昌 2006 年）是上升趋势，但 2005 年（宜昌 2006 年）之后碳排放强度总体处于下降的趋势。

### 2. 空间差异分析

中国 50 个城市 2000 年、2005 年、2010 年和 2015 年的碳排放总量整体上呈现东（东部城市）高西（西部城市）低的特点，2015 年排放总量排名前 5 位的城市依次是唐山市、上海市、重庆市、天津市和北京市，排放总量排名后 5 位的城市依次是南宁市、西安市、南昌市、厦门市和海口市。中国西南、东北和西北地区的城市碳排放水平总体偏低，华东、华北和中南地区城市的碳排放量处于平均水平，但也有个别城市排放总量偏高，如唐山市、南京市和苏州市。

　　人均碳排放的空间格局与碳排放总量的空间格局存在明显差异，整体上呈现北（北方城市）高南（南方城市）低的特点。总体上人均排放较高的城市集中在中国北方地区，特别是北方重工业城市，如唐山市，唐山市在 2005 年人均排放就超过了 20 t（20.01 t），而人均排放量低的城市主要分布在南方地区，而南方地区沿海城市的人均排放量较高（如上海和宁波等）。西南和东北地区的城市在保持碳排放总量较低的同时，人均碳排放水平也较低；而西北地区的城市碳排放总量虽然较低，但人均碳排放水平较西南和东北地区则要高出很多，这与西北人口较少有关，其中西宁市和银川市人均排放增长迅速，需要政府关注。4 个直辖市的碳排放总量虽然最高，但其人均碳排放水平处于平均水平（50 城市平均值为 8.96 t/人），并且有缓慢下降趋势，一方面是因为直辖市有大量的常住人口，另一方面由于资源集中，其具有较高的能源利用效率。

### 3. 统计特征分析

　　根据 50 个城市 2015 年的排放总量和人均排放量作直方图（图 3-4），可以看出城市碳排放总量的直方图整体形状比较偏低值，城市排放的平均值为 0.70 亿 t，相当于大连市的排放量（0.67 亿 t），中值为 0.56 亿 t。排放总量在 0.20 亿～0.60 亿 t 的城市最多，排放超过 2.00 亿 t 的城市只有上海和唐山。人均排放的直方图与总排放直方图相比，显得更加集中，平均值为 8.96 t，相当于宜昌市的人均排放量（9.10 t），中值为 7.41 t，人均排放在 5～10 t 的城市最多，超过 20 t 的城市也只有两个，为银川和唐山。总体来看，排放总量和人均排放量的直方图整体呈正偏态分布，分布在极低值和极高值区间的城市数量较少，且极高值和极低值之间差距较大。

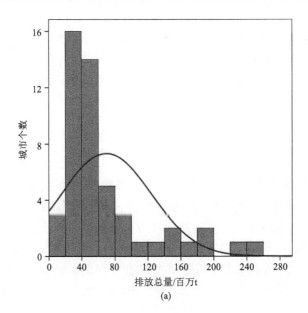

(a)

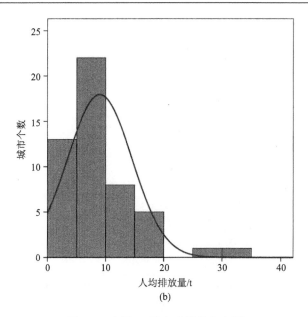

图 3-4　中国 50 城市碳排放直方图

### 4. 与其他数据库比较分析

基于城市边界内由于化石燃料产生的二氧化碳排放清单（SCOPE1 尺度），在其他高分辨率排放清单（EDGAR[①]，CDIAC[②]，PKU-$CO_2$[③]和 NJU-$CO_2$[④]等）的基础上，利用 GIS 技术切割城市行政土地面积，得到城市水平的碳排放数据，与本书研究的城市数据（SCOPE 1）进行比较分析，以此评估高分辨率排放数据库估计城市排放的潜力。图 3-5 展示了 4 个数据库得到的 50 个城市每年排放数据与本书各年结果（基于 SCOPE1 尺度）的比较。

---

① 欧盟编制的 Emissions Database for Global Atmospheric Research 大气污染与温室气体排放清单，简称 EDGAR，可通过网址 https://edgar.jrc.ec.europa.eu/访问；

② 美国能源署编制的 Carbon Dioxide Information Analysis Center 温室气体排放清单，简称 CDIAC，可通过 https://cdiac.ess-dive.lbl.gov/访问；

③ 北京大学陶澍院士课题组编制的网格化 $CO_2$ 排放清单，简称 PKU-$CO_2$，可通过网址 http://inventory.pku.edu.cn/访问；

④ 本书作者团队基于各省排放量开发的网络排放数据，简称为 NJU-$CO_2$，Liu M, Wang H*, Wang H, Oda T, Zhao Y, Yang X, Zhang R, Zhang B, Bi J, Chen J*. 2013. Refined estimate of China's $CO_2$ emissions in spatiotemporal distributions. Atmospheric Chemistry and Physics, 13: 10873-10882.

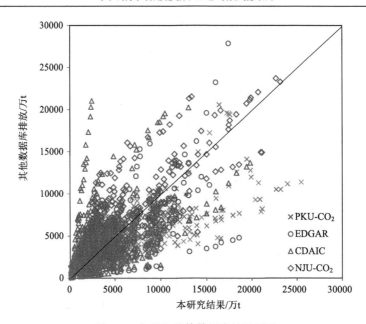

图 3-5　本书和其他数据库结果展示

　　4 个数据库分别计算得到 50 个城市的排放结果，将各城市排放加总之后，得到这些城市每年的总量排放（4 个数据库版本），与本书对应的城市排放总量数据进行对比分析，如图 3-5 所示。CDIAC 数据库（分辨率 1°）的排放量整体上比本书结果低 32%（多年差距平均得来），而 NJU-CO$_2$（分辨率 0.25°）的排放整体上比本书总量结果高 17%；相比之下，EDGAR（分辨率 0.1°）和 PKU-CO$_2$（分辨率 0.1°）数据和本书总量结果差距较小，PKU-CO$_2$ 与本书的结果相差 9%，EDGAR 与本书的结果最为接近，仅相差 3%。低分辨率的排放清单与本书的结果差距较大，高分辨率的排放清单与本书的结果差距较小。这说明不同分辨率的碳排放清单对于表征城市碳排放特征的能力存在差异，高分辨率的排放清单能够较好地反映城市层面的碳排放水平。

　　如表 3-3 所示，本书核算的中国城市排放和其他排放数据库相关性很高，超过 90% 的城市（181/200）的 $R$ 值都超过 0.80。这说明已有的一些碳排放数据库与本书核算结果的排放趋势相似。因此，如果城市还没有建立自己的碳排放清单，可以把现有的高分辨率排放清单结果作为参考，对城市的碳排放水平及其趋势进行预判。

　　为表征核算结果的差异性，使用变异系数法比较了本书所核算的 2000～2010 年 50 城市年均排放与另外 4 个排放清单核算的对应数据的差异（表 3-4），变异系数越小说明数据结果的差异越小。结果表明，南通市年均碳排放为 19.85 百万～30.12 百万 t，变异系数（RSD）最小，为 17%。银川、上海和海口的变异系数较大，

表 3-3　50 个中国城市的碳排放与 4 个数据库排放之间的相关系数（$R$）

| 城市 | CDIAC | EDGAR | PKU-CO$_2$ | NJU-CO$_2$ | 城市 | CDIAC | EDGAR | PKU-CO$_2$ | NJU-CO$_2$ |
|---|---|---|---|---|---|---|---|---|---|
| 深圳 | 0.85 | 0.88 | 0.89 | 0.72 | 青岛 | 0.88 | 0.98 | 0.89 | 0.98 |
| 广州 | 0.88 | 0.95 | 0.97 | 0.91 | 西宁 | 0.94 | 0.90 | 0.88 | 0.92 |
| 北京 | 0.81 | 0.92 | 0.87 | 0.92 | 贵阳 | 0.96 | 0.92 | 0.89 | 0.87 |
| 上海 | 0.85 | 0.99 | 0.91 | 0.99 | 哈尔滨 | 0.89 | 0.76 | 0.74 | 0.78 |
| 西安 | 0.98 | 0.96 | 0.96 | 0.98 | 长春 | 0.99 | 0.98 | 0.99 | 0.91 |
| 成都 | 0.99 | 0.97 | 0.98 | 0.90 | 济南 | 0.80 | 0.88 | 0.91 | 0.95 |
| 重庆 | 0.96 | 0.95 | 0.96 | 0.98 | 邯郸 | 0.98 | 0.97 | 0.98 | 0.98 |
| 沈阳 | 0.98 | 0.98 | 0.93 | 0.96 | 大连 | 0.98 | 0.99 | 0.95 | 0.95 |
| 杭州 | 0.92 | 0.95 | 0.98 | 0.95 | 宁波 | 0.97 | 0.99 | 0.89 | 0.98 |
| 武汉 | 0.98 | 0.99 | 0.99 | 0.98 | 石家庄 | 0.97 | 0.98 | 0.95 | 0.98 |
| 天津 | 0.99 | 0.99 | 0.85 | 0.98 | 无锡 | 0.91 | 0.98 | 0.99 | 0.99 |
| 南京 | 0.99 | 0.98 | 0.98 | 0.98 | 常州 | 0.98 | 0.98 | 0.99 | 0.98 |
| 海口 | 0.88 | 0.73 | 0.44 | 0.78 | 呼和浩特 | 0.94 | 0.98 | 0.52 | 0.96 |
| 保定 | 0.95 | 0.94 | 0.89 | 0.95 | 苏州 | 0.92 | 0.99 | 0.95 | 0.99 |
| 南昌 | 0.94 | 0.85 | 0.87 | 0.89 | 兰州 | 0.98 | 0.99 | 0.17 | 0.96 |
| 南宁 | 0.98 | 0.98 | 0.97 | 0.92 | 太原 | 0.84 | 0.88 | −0.58 | 0.50 |
| 昆明 | 0.97 | 0.97 | 0.91 | 0.96 | 乌鲁木齐 | 0.98 | 0.99 | 0.96 | 0.97 |
| 长沙 | 0.96 | 0.97 | 0.91 | 0.99 | 银川 | 0.97 | 0.99 | 0.92 | 0.96 |
| 南通 | 0.99 | 0.97 | 0.95 | 0.95 | 唐山 | 0.96 | 0.98 | 0.97 | 0.99 |
| 合肥 | 0.92 | 0.95 | 0.96 | 0.80 | 临汾 | 0.82 | 0.43 | 0.54 | 0.77 |
| 厦门 | 0.93 | 0.98 | 0.98 | 0.60 | 遵义 | 0.95 | 0.95 | 0.89 | 0.86 |
| 郑州 | 0.95 | 0.90 | 0.91 | 0.95 | 盐城 | 0.89 | 0.97 | 0.85 | 0.92 |
| 福州 | 0.97 | 0.98 | 0.59 | 0.98 | 连云港 | 0.92 | 0.96 | 0.98 | 0.90 |
| 扬州 | 0.96 | 0.99 | 0.69 | 0.98 | 宜昌 | 0.97 | 0.98 | 0.97 | 0.97 |
| 徐州 | 0.98 | 0.99 | 0.80 | 0.98 | 镇江 | 0.98 | 0.94 | 0.83 | 0.93 |

注：50 个中国城市的 CO$_2$ 排放是基于 SCOPE1 边界核算的排放，即地理行政边界内的排放。

都在 60% 以上。银川年均排放为 221 万～2150 万 t，上海年均排放为 0.32 亿～
2.76 亿 t。某些城市的排放量有着相对较高的差异，主要是本书在计算城市碳排
放时使用的基础数据与其他数据库的差异引起的。具体来说，本书直接使用了城
市的部门能源消耗和工业产品产量数据，来计算每个城市的碳排放量。然而，其
他数据库应用了国家和省级能源消耗数据，并根据一些代用参数映射到城市。例
如，CDIAC 以 1984 年的人口密度作为代用参数，将全国碳排放总量分配到不同
空间，使得依据该数据库获得的城市层面的碳排放清单存在较大不确定性。

表 3-4　50 城市年均排放及变异系数（2000～2010 年）　　（单位：万 t）

| 城市 | 50 城市 [a] | CDIAC | EDGAR | PKU-CO$_2$ | NJU-CO$_2$ | RSD |
|---|---|---|---|---|---|---|
| 保定 | 2579 | 5468 | 5074 | 4725 | 4854 | 25% |
| 北京 | 10571 | 4174 | 6722 | 7619 | 10831 | 35% |
| 常州 | 2358 | 1390 | 1988 | 1922 | 2775 | 25% |
| 成都 | 2466 | 3603 | 4782 | 5799 | 5646 | 32% |
| 大连 | 3983 | 567 | 2385 | 3668 | 5479 | 57% |
| 福州 | 1723 | 1772 | 3582 | 3324 | 2850 | 33% |
| 广州 | 7869 | 3996 | 5059 | 6492 | 5923 | 25% |
| 贵阳 | 1900 | 1279 | 1504 | 2759 | 2565 | 32% |
| 哈尔滨 | 2960 | 3996 | 4486 | 4625 | 5503 | 22% |
| 海口 | 224 | 187 | 939 | 645 | 529 | 62% |
| 邯郸 | 7314 | 4033 | 4475 | 4536 | 5679 | 25% |
| 杭州 | 3353 | 2793 | 4400 | 4410 | 4456 | 20% |
| 合肥 | 1239 | 2998 | 2917 | 4029 | 3841 | 37% |
| 呼和浩特 | 2955 | 1075 | 4271 | 2924 | 4225 | 42% |
| 济南 | 4049 | 2370 | 2716 | 3547 | 4068 | 23% |
| 昆明 | 2753 | 2209 | 1990 | 3850 | 3133 | 27% |
| 兰州 | 3407 | 1293 | 3480 | 2678 | 2145 | 35% |
| 连云港 | 838 | 1733 | 1416 | 1394 | 1235 | 25% |
| 临汾 | 1452 | 1923 | 980 | 3457 | 2939 | 48% |
| 南昌 | 1113 | 1445 | 1405 | 2626 | 1992 | 35% |
| 南京 | 7777 | 1886 | 6049 | 3768 | 3975 | 48% |
| 南宁 | 925 | 2272 | 1176 | 2498 | 1488 | 41% |
| 南通 | 1985 | 2907 | 2363 | 2862 | 3012 | 17% |
| 宁波 | 5485 | 1319 | 5544 | 3972 | 5426 | 42% |
| 青岛 | 4125 | 2745 | 2788 | 4652 | 5496 | 30% |
| 厦门 | 1163 | 431 | 365 | 1199 | 1321 | 51% |
| 上海 | 16279 | 3169 | 27645 | 9731 | 15174 | 63% |
| 深圳 | 2465 | 972 | 3185 | 4147 | 3726 | 43% |
| 沈阳 | 2759 | 2834 | 3814 | 4361 | 5413 | 29% |
| 石家庄 | 7850 | 3510 | 3621 | 5649 | 7626 | 37% |
| 苏州 | 6765 | 3860 | 5359 | 6226 | 7426 | 23% |
| 太原 | 4355 | 1040 | 4685 | 4549 | 4938 | 41% |
| 唐山 | 11306 | 2945 | 3212 | 6224 | 7817 | 55% |
| 天津 | 9291 | 4173 | 8050 | 6415 | 9392 | 29% |
| 乌鲁木齐 | 3170 | 651 | 2013 | 1750 | 2240 | 46% |
| 无锡 | 4111 | 1805 | 3283 | 3479 | 4589 | 31% |

续表

| 城市 | 50 城市 [a] | CDIAC | EDGAR | PKU-CO$_2$ | NJU-CO$_2$ | RSD |
|------|-----------|-------|-------|-----------|-----------|-----|
| 武汉 | 6106 | 3342 | 9729 | 6772 | 6217 | 35% |
| 西安 | 2175 | 2209 | 3632 | 3872 | 3419 | 26% |
| 西宁 | 1546 | 521 | 1096 | 840 | 1275 | 37% |
| 徐州 | 4008 | 3719 | 6096 | 3166 | 3678 | 28% |
| 盐城 | 1419 | 3259 | 2160 | 2497 | 2040 | 30% |
| 扬州 | 1638 | 2249 | 3135 | 2987 | 2849 | 24% |
| 宜昌 | 1491 | 1956 | 771 | 2768 | 1538 | 43% |
| 银川 | 2150 | 221 | 542 | 1524 | 1706 | 66% |
| 长春 | 3808 | 2733 | 1408 | 4495 | 5058 | 42% |
| 长沙 | 1583 | 2341 | 2070 | 4554 | 3500 | 43% |
| 镇江 | 2292 | 1165 | 2886 | 1674 | 2966 | 35% |
| 郑州 | 3868 | 2833 | 4838 | 5155 | 4168 | 22% |
| 重庆 | 9393 | 13955 | 7666 | 13245 | 9694 | 25% |
| 遵义 | 1666 | 3093 | 2037 | 3057 | 2899 | 26% |

a. 该列指本书用城市统计数据核算的排放量。

## 3.3.2　个别城市的碳排放数据分析

### 1. 临汾市

临汾市的碳排放强度是其他城市的数倍，兰州、西宁的碳排放强度也相对较高。临汾的碳排放总量是太原的 2 倍，但经济水平只有太原的 1/2。这主要是由临汾能源消费的基本情况决定的。

临汾是一个能源生产大市，同时也是一个能源消耗大市。如表 3-5 所示，从 2005 年全国、全省通报的万元 GDP 能耗指标看，山西为 2.95 t 标煤，是全国平均水平（1.22 t 标煤）的 2 倍多，在全国位居宁夏、贵州、青海之后排名第四位。临汾市为 4.3 t 标煤，是山西省平均水平的 1.46 倍，能耗量位居全省第一位。虽然 2006 年和 2007 年临汾市开始加大节能降耗工作力度，能耗降幅高于全国、全省水平（2006 年临汾市万元 GDP 能耗下降 2.33%，降幅高出全国 1 个百分点，高出全省 0.36 个百分点；2007 年下降 4.48%，降幅高出全国 0.82 个百分点，与全省基本持平），但由于基数过高，能耗指标仍居高不下。据 2014 年全国、全省通报的结果，山西省万元 GDP 能耗 1.52 t 标煤，依然在全国高居第四位，临汾市 2.31 t 标煤，依然位居全省第一位。

表 3-5　单位地区生产总值能源消耗情况 　　（单位：t 标准煤/万元）

| 市名 | 2005 | 2008 | 2009 | 2010 | 2011 | 2012 | 2013 | 2014 |
|------|------|------|------|------|------|------|------|------|
| 全省 | 2.95 | 2.55 | 2.36 | 2.24 | 1.76 | 1.69 | 1.58 | 1.52 |
| 太原市 | 2.67 | 2.23 | 1.83 | 1.71 | 1.35 | 1.28 | 1.08 | 1.05 |
| 大同市 | 2.54 | 2.10 | 1.76 | 1.67 | 1.42 | 1.35 | 1.53 | 1.48 |
| 阳泉市 | 2.71 | 2.34 | 2.13 | 2.02 | 1.53 | 1.46 | 1.54 | 1.45 |
| 长治市 | 3.48 | 2.93 | 2.65 | 2.50 | 1.85 | 1.78 | 1.74 | 1.68 |
| 晋城市 | 2.41 | 2.10 | 2.10 | 1.90 | 1.45 | 1.40 | 1.30 | 1.26 |
| 朔州市 | 2.42 | 2.08 | 2.01 | 1.87 | 1.19 | 1.15 | 1.93 | 1.86 |
| 晋中市 | 3.28 | 2.76 | 2.62 | 2.49 | 1.93 | 1.86 | 1.60 | 1.54 |
| 运城市 | 3.61 | 3.23 | 2.96 | 2.72 | 2.48 | 2.36 | 2.01 | 1.89 |
| 忻州市 | 3.75 | 3.15 | 2.69 | 2.56 | 1.78 | 1.71 | 1.43 | 1.36 |
| 临汾市 | 4.30 | 3.76 | 3.45 | 3.13 | 2.89 | 2.78 | 2.43 | 2.31 |
| 吕梁市 | 3.95 | 3.41 | 3.04 | 2.89 | 2.09 | 1.99 | 1.72 | 1.67 |

来源：《山西统计年鉴》，以 2005 可比价 GDP 计算（等价值）。

　　而且，临汾市经济结构的重型化特征显著，高耗能产业增长较快。自 1993 年以来，临汾市步入了重化工业主导的时期，经济增长明显具有重化工业为主导的特征，煤焦铁为主的重工业迅速膨胀，依托煤、铁资源而建设的资源型产业结构开始形成，煤炭采选、炼焦、钢铁、化工、电力等工业成为国民经济成长的主要动力。1992～2014 年冶炼业、炼焦业迅猛发展，占工业内部的构成（产值占比）由 18.8%、3.4%升至 36.44%、21.91%，分别提高了 17.64、18.51 个百分点；同时，煤炭采选业保持了稳健的发展势头，占工业内部的构成由 15.8%上升至 21.18%，上升 5.38 个百分点。在此带动下，临汾市轻重工业总产值比例由 1992 年的 24∶76 演变为 2014 年的 2.46∶97.54（表 3-6）。

表 3-6　临汾市轻重工业总产值比例

|  | 2000 | 2005 | 2006 | 2007 | 2008 | 2009 | 2010 | 2011 | 2012 | 2013 | 2014 |
|------|------|------|------|------|------|------|------|------|------|------|------|
| 轻工业 | 9.91 | 1.71 | 1.88 | 1.61 | 1.46 | 1.73 | 1.64 | 1.36 | 1.62 | 1.83 | 2.46 |
| 重工业 | 90.09 | 98.29 | 98.12 | 98.39 | 98.54 | 98.27 | 98.36 | 98.64 | 98.38 | 98.17 | 97.54 |

　　除了临汾以外，我们核算的城市中，兰州市单位 GDP 能耗水平为 1.993 t 标煤/万元（2010 年），银川 2.053 t 标煤/万元（2011 年），呼和浩特 1.550 t 标煤/万元（2009），西宁市 2.394 t 标煤/万元（2011 年），均高于国家平均水平。

2. 合肥市

本书核算的能耗强度结果与合肥市公开的数据保持一致。2010 年，合肥的单位 GDP 能耗约为 0.668 t 标煤/万元，2015 年下降了 24.55%，为 0.504 t 标煤/万元，低于江苏省大部分城市水平（表 3-7），也是全国 50 个城市中单位 GDP 能耗最低的几个城市之一。

表 3-7　合肥市及江苏省单位 GDP 能耗情况　　　　（单位：t 标煤/万元）

| 城市 | 2005 | 2006 | 2007 | 2008 | 2009 | 2010 | 2015 |
|---|---|---|---|---|---|---|---|
| 合肥 | 0.803 | 0.776 | 0.749 | 0.722 | 0.695 | 0.668 | 0.504 |
| 南通 | 0.83 | 0.808 | 0.774 | 0.730 | 0.692 | 0.666 | 0.433 |
| 无锡 | 0.92 | 0.886 | 0.848 | 0.799 | 0.756 | 0.726 | 0.444 |
| 苏州 | 1.04 | 1.006 | 0.963 | 0.906 | 0.857 | 0.824 | 0.541 |
| 南京 | 1.36 | 1.310 | 1.253 | 1.178 | 1.118 | 1.065 | 0.651 |
| 常州 | 1.07 | 1.036 | 0.992 | 0.934 | 0.886 | 0.853 | 0.586 |
| 扬州 | 0.86 | 0.827 | 0.794 | 0.739 | 0.701 | 0.675 | 0.452 |
| 盐城 | 0.81 | 0.796 | 0.763 | 0.724 | 0.686 | 0.665 | 0.515 |
| 镇江 | 1.02 | 0.988 | 0.946 | 0.894 | 0.847 | 0.779 | 0.507 |
| 泰州 | 1.06 | 1.228 | 1.160 | 1.054 | 0.987 | 0.942 | 0.550 |
| 徐州 | 1.40 | 1.368 | 1.304 | 1.227 | 1.164 | 1.123 | 0.696 |
| 连云港 | 0.94 | 0.922 | 0.881 | 0.833 | 0.794 | 0.830 | 0.629 |
| 淮安 | 1.12 | 1.075 | 1.033 | 0.979 | 0.929 | 0.895 | 0.743 |
| 宿迁 | 0.81 | 0.834 | 0.800 | 0.761 | 0.724 | 0.765 | 0.565 |
| 江苏省 | 0.923 | 0.891 | 0.853 | 0.803 | 0.761 | 0.734 | 0.495 |
| 全国 | 1.276 | 1.241 | 1.179 | 1.118 | 1.077 | 1.034 | 0.869 |

3. 西安市

将西安市碳排放情况及地区生产总值（GDP）与陕西省做对比，结果如表 3-8 所示。西安市在陕西省的碳排放量占比为 7%～14%，GDP 占比在 33% 左右，碳排放和 GDP 占比都呈现下降趋势，且碳排放占比为 GDP 占比的 1/4～1/3。西安单位 GDP 能耗由 2005 年年底的 1.029 t 标准煤降至 2010 年的 0.803 t 标准煤，低于国家平均水平 1.034 t 标准煤。

表 3-8　西安市和陕西省的碳排放和 GDP 的对比

| 年份 | 西安 A CO₂排放总量/万 t | 西安 B 加工转换碳排放量/万 t | 西安 C 排放总量/万 t（剔除加工转换后）C=A−B | 陕西 D CO₂排放总量/万 t | 陕西 E 加工转换碳排放量/万 t | 陕西 F 排放总量（剔除加工转换后）/万 t F=D−E | G 碳排放占比% G=C/F | 西安 H GDP/亿元 | 陕西 I GDP/亿元 | J GDP占比/% J=H/I |
|---|---|---|---|---|---|---|---|---|---|---|
| 2000 | 1317 | 342 | 975 | 9637 | 2398 | 7239 | 13 | 646 | 1804 | 36 |
| 2001 | 1554 | 377 | 1177 | 10845 | 2509 | 8336 | 14 | 735 | 2011 | 37 |
| 2002 | 1503 | 366 | 1137 | 12255 | 2866 | 9389 | 12 | 827 | 2253 | 37 |
| 2003 | 1684 | 408 | 1276 | 13473 | 3099 | 10374 | 12 | 947 | 2588 | 37 |
| 2004 | 2235 | 537 | 1698 | 16889 | 3861 | 13028 | 13 | 1102 | 3176 | 35 |
| 2005 | 2615 | 709 | 1906 | 18964 | 4843 | 14121 | 13 | 1314 | 3934 | 33 |
| 2006 | 2575 | 867 | 1708 | 22497 | 7186 | 15311 | 11 | 1539 | 4744 | 32 |
| 2007 | 2728 | 989 | 1739 | 25336 | 8677 | 16659 | 10 | 1857 | 5757 | 32 |
| 2008 | 2739 | 920 | 1819 | 28165 | 9061 | 19104 | 10 | 2318 | 7315 | 32 |
| 2009 | 3335 | 1101 | 2234 | 30910 | 9782 | 21128 | 11 | 2724 | 8170 | 33 |
| 2010 | 3630 | 1156 | 2474 | 36813 | 12067 | 24746 | 10 | 3242 | 10123 | 32 |
| 2011 | 3580 | 1309 | 2271 | 42205 | 15137 | 27068 | 8 | 3863 | 12512 | 31 |
| 2012 | 3809 | 1553 | 2256 | 49775 | 19609 | 30166 | 7 | 4366 | 14454 | 30 |
| 2013 | 4324 | 1902 | 2422 | 57840 | 24471 | 33369 | 7 | 4925 | 16205 | 30 |
| 2014 | 4161 | 1876 | 2285 | 60374 | 26160 | 34214 | 7 | 5493 | 17690 | 31 |

　　西安对陕西规上工业碳排放和工业增加值占比均低于总排放和 GDP 占比，规上工业碳排放占比逐年下降明显，2014 年仅为 4.14%（表 3-9）。西安二产约占陕西省二产增加值的 1/4 左右。

表 3-9　西安、陕西规上工业碳排放和工业增加值占比

| 年份 | 西安规上工业碳排放/万 t | 陕西规上工业碳排放/万 t | 规上工业碳排放占比/% | 西安二产增加值/亿元 | 陕西二产增加值/亿元 | 二产增加值占比/% |
|---|---|---|---|---|---|---|
| 2000 | 702.27 | 7186.10 | 9.77 | 277.13 | 782.58 | 35.41 |
| 2001 | 896.56 | 8224.56 | 10.90 | 312.90 | 878.82 | 35.60 |
| 2002 | 777.51 | 9456.71 | 8.22 | 353.58 | 1007.56 | 35.09 |
| 2003 | 916.37 | 10273.99 | 8.92 | 407.38 | 1221.17 | 33.36 |
| 2004 | 1420.07 | 13374.79 | 10.62 | 476.92 | 1553.10 | 30.71 |
| 2005 | 1491.42 | 14756.48 | 10.11 | 540.50 | 1951.36 | 27.70 |
| 2006 | 1575.93 | 18110.24 | 8.70 | 645.65 | 2452.44 | 26.33 |
| 2007 | 1741.64 | 20865.57 | 8.35 | 781.94 | 2986.46 | 26.18 |

续表

| 年份 | 西安规上工业碳排放/万 t | 陕西规上工业碳排放/万 t | 规上工业碳排放占比/% | 西安二产增加值/亿元 | 陕西二产增加值/亿元 | 二产增加值占比/% |
|---|---|---|---|---|---|---|
| 2008 | 1667.84 | 22923.65 | 7.28 | 981.58 | 3861.12 | 25.42 |
| 2009 | 2081.87 | 25061.71 | 8.31 | 1144.75 | 4236.42 | 27.02 |
| 2010 | 1874.73 | 30069.98 | 6.23 | 1406.72 | 5446.10 | 25.83 |
| 2011 | 1793.11 | 34611.28 | 5.18 | 1674.31 | 6935.59 | 24.14 |
| 2012 | 1975.68 | 41391.50 | 4.77 | 1881.75 | 8073.87 | 23.31 |
| 2013 | 2461.64 | 49576.88 | 4.97 | 1998.82 | 8912.34 | 22.43 |
| 2014 | 2136.55 | 51558.23 | 4.14 | 2194.78 | 9577.24 | 22.92 |

将 2014 年西安市和陕西省规上工业各行业的原煤消费数据进行对比发现,西安规上工业原煤消费量仅为陕西的 6%。陕西消费原煤较多的行业,如煤炭开采和洗选业,石油和天然气开采业,石油加工、炼焦及核燃料加工业,化学原料及化学制品制造业,有色金属冶炼及压延加工业,这些行业的原煤消费占陕西规上企业能源消费的 55%,而西安市相应比例为 1%,并且西安这 5 个行业的原煤消费占陕西省对应行业的比例仅为 0.06%(表 3-10)。

表 3-10 2014 年西安和陕西各行业原煤消费

| 项目 | 西安各行业原煤消费/t | 陕西各行业原煤消费/t | 占比/% |
|---|---|---|---|
| 合计 | 9624127 | 162535700 | 6 |
| 煤炭开采和洗选业 | | 81781700 | 0 |
| 石油和天然气开采业 | | 99900 | 0 |
| 黑色金属矿采选业 | | 15700 | 0 |
| 有色金属矿采选业 | | 107300 | 0 |
| 非金属矿采选业 | | 51400 | 0 |
| 其他采矿业 | | | — |
| 农副食品加工业 | 169321 | 432800 | 39 |
| 食品制造业 | 52763 | 614500 | 9 |
| 饮料制造业 | 115085 | 402700 | 29 |
| 烟草制品业 | 16 | 42000 | 0 |
| 纺织业 | 1529 | 182100 | 1 |
| 纺织服装、鞋、帽制造业 | 260 | 5600 | 5 |
| 皮革、毛皮、羽毛(绒)及其制品业 | | 7600 | 0 |
| 木材加工及木、竹、藤、棕、草制品业 | 6128 | 14200 | 43 |
| 家具制造业 | 103 | 1400 | 7 |
| 造纸及纸制品业 | 11141 | 303400 | 4 |

| 项目 | 西安各行业原煤消费/t | 陕西各行业原煤消费/t | 占比/% |
|---|---|---|---|
| 印刷业和记录媒介的复制 | 371 | 3000 | 12 |
| 文教体育用品制造业 | 129 | | — |
| 石油加工、炼焦及核燃料加工业 | 25297 | | — |
| 化学原料及化学制品制造业 | 26545 | | — |
| 医药制造业 | 19353 | 232100 | 8 |
| 化学纤维制造业 | 1124 | 8300 | 14 |
| 橡胶制品业 | 128380 | 225300 | 57 |
| 塑料制品业 | | | — |
| 非金属矿物制品业 | 250548 | 10427000 | 2 |
| 黑色金属冶炼及压延加工业 | 7481 | 1359200 | 1 |
| 有色金属冶炼及压延加工业 | 2148 | 8099500 | 0 |
| 金属制品业 | 20644 | 49100 | 42 |
| 通用设备制造业 | 4415 | 39400 | 11 |
| 专用设备制造业 | 6441 | 48300 | 13 |
| 交通运输设备制造业 | 65645 | 118400 | 55 |
| 电气机械及器材制造业 | 3194 | 6700 | 48 |
| 通信设备、计算机及其他电子设备制造业 | | 15500 | 0 |
| 仪器仪表及文化、办公用机械制造业 | 640 | 1400 | 46 |
| 工艺品及其他制造业 | 189 | 16400 | 1 |
| 废弃资源和废旧材料回收加工业 | | 1600 | 0 |
| 电力、热力的生产和供应业 | 8704845 | 50801400 | 17 |
| 燃气生产和供应业 | | | — |
| 水的生产和供应业 | | 700 | 0 |

### 4. 南昌市

从表 3-11 和表 3-12 可以看出，南昌市 2008 年和 2009 年的原煤消费量急剧下降，造成了这两年碳排放量的下降。同时，2008～2010 年部分工业产品，如粗钢、合成氨、尿素等产量降低，也造成了与之相关的工业过程碳排放量在 2009 年和 2010 年有所下降。

造成南昌市原煤消费下降的原因主要有：①冰雪灾害导致的发电量下降是 2008 年原煤消费量下降的主要原因。2008 年 1 月，中国南方发生冰雪灾害，南昌受到较大影响，连日的大雪、冻雨压断电缆、电塔，寒冷天气造成用电量猛增，电力供不应求，造成部分地区大面积停电；电煤运输压力增大，地区煤炭供应紧

表 3-11 南昌市规模以上工业企业能源消费量

| 能源类型 | 2005 年 | 2006 年 | 2007 年 | 2008 年 | 2009 年 | 2010 年 | 2014 年 |
|---|---|---|---|---|---|---|---|
| 原煤/t | 3584450 | 4162377 | 4163681 | 2181841 | 1112050 | 3712590 | 3533277 |
| 洗精煤/t | 713873 | 1097338 | 1194980 | 1149909 | 1227226 | 1167092 | 1200776 |
| 其他洗煤/t | 630 | 2110 | 260315 | 268516 | 293273 | 310110 | 462439 |
| 型煤/t | 210462 | 222021 | 231984 | 207090 | | | |
| 焦炭/t | 855613 | 1150365 | 1254473 | 1125477 | 1194983 | 1173484 | 1381619 |
| 焦炉煤气/万 m³ | 23078 | 39363 | 36068 | 26355 | 23583 | 25032 | 35385 |
| 天然气/万 m³ | | | | | | 196 | 7702 |
| 液化天然气/t | 129 | 479 | 572 | 736 | 511 | 1051 | 129 |
| 汽油/t | 5111 | 7059 | 6618 | 10750 | 11757 | 13229 | 13421 |
| 煤油/t | 1323 | 1847 | 735 | 977 | 1352 | 1152 | 66 |
| 柴油/t | 24074 | 33582 | 34274 | 35102 | 33921 | 43030 | 33458 |
| 燃料油/t | 25079 | 25716 | 16710 | 11318 | 10838 | 12536 | 10562 |
| 液化石油气/t | 163 | 4379 | 4555 | 5164 | 6229 | 6092 | 4084 |
| 热力/百万 kJ | 2378893 | 4433563 | 4137963 | 3857849 | 2838082 | 2792317 | 562642 |
| 电力/万（kW·h） | 380779 | 423496 | 483634 | 757414 | 737362 | 877109 | 1205092 |

表 3-12 南昌市规模以上工业产品产量

| 能源类型 | 2005 年 | 2006 年 | 2007 年 | 2008 年 | 2009 年 | 2010 年 | 2014 年 |
|---|---|---|---|---|---|---|---|
| 水泥/t | 2883350 | 3009909 | 3437337 | 3762884 | 3453229 | 3191663 | 6844905 |
| 粗钢/t | 2138261 | 2625213 | 3000419 | 2416311 | 2522525 | 2569247 | 3526646 |
| 合成氨/t | 98966 | 96946 | 100095 | 89184 | 33797 | 591 | |
| 尿素/kg | 53260000 | 76904000 | 77813000 | 66920000 | 25337000 | 108000 | |
| 生铁/t | 1599938 | 1800093 | 2301400 | 2067330 | 2290209 | 2349595 | 3054852 |

张。电力热力生产和供应业的原煤消费在 2007 年、2008 年、2009 年分别为：2666468 t、759860 t、102184 t，2010 年回升至 2630449 t。②上大压小项目的开展，小电厂的关停是 2009 年原煤消费量下降的原因。2008 年 6 月 29 日，江西省首个"上大压小、节能减排"新建重大项目——江西新昌电厂"上大压小"工程，在新建县樵舍镇正式开工建设。该发电厂是南昌地区唯一的电源点和首座百万千瓦级大型发电企业。中电投集团公司关停南昌电厂等 5 家发电企业的 65.56 万 kW 能耗高、污染严重的小火电机组，以"上大压小"方式建设大容量、高参数的新昌电厂。2008 年底，南昌关停了南昌地区电厂里还在正常运转的所有小火电机组，2009 年 12 月 15 日，以大代小项目新昌电厂正式投产。

### 5. 济南市

济南市 2005 年的碳排放量比 2004 年多 1600 万 t 二氧化碳当量，其中规上工业相差 1200 万 t，工业过程相差 300 多万 t。

2004～2006 年规上工业碳排放的猛增主要由原煤和焦炭消费的增加导致，其中原煤导致增加 $CO_2$ 排放 200 万 t 左右，焦炭导致增加 $CO_2$ 排放 750 万 t 左右，洗精煤导致增加 $CO_2$ 排放 150 万 t 左右。具体消费数据如表 3-13 所示。

表 3-13　济南市规模以上工业煤炭消费情况　　　　　（单位：t）

| 能源类型 | 2004 年 | 2005 年 | 2006 年 |
| --- | --- | --- | --- |
| 原煤 | 9249422 | 10519615 | 11449730 |
| 焦炭 | 1618276 | 4532592 | 5070430 |
| 洗精煤 | 2813560 | 3556887 | 3939170 |

2005 年工业过程碳排放比 2004 年高出的 300 万 t，这主要是因为：①熟料产量大幅增长，2005 年济南市国民经济和社会发展统计公报中指出，水泥产量较前年增长 22.5%。同时，限于数据本身，本书从 2005 年开始直接采用熟料产量计算水泥生产过程碳排放，而之前年份采用的是水泥产量，熟料占水泥比重按 2005～2010 年熟料占水泥比值均值计算。②粗钢产量在 2005 年也呈现大幅增长（表 3-14），碳排放增长 70 万 t。2005 年济南市国民经济和社会发展统计公报中指出，钢产量较前年增长 51.7%。③甲醇、硝酸的统计数据在 2005 年开始健全。甲醇生产过程排放，使得 2005 年碳排放上升了 5 万 t，硝酸生产过程排放使得 2005 年的碳排放上升了 48 万 t（$N_2O$ 转化为 $CO_{2e}$ 之后）。

表 3-14　影响济南市工业过程排放的部分工业产品产量

| 年份 | 水泥/t 2005 年开始为熟料 | 粗钢/t | 合成氨/t | 尿素/kg | 甲醇/t | 硝酸/t |
| --- | --- | --- | --- | --- | --- | --- |
| 2000 | 4851200 | 2770400 | 455400 | | | |
| 2001 | 5722800 | 2938300 | 480500 | | | |
| 2002 | 8677100 | 3944100 | 446000 | | | |
| 2003 | 9252000 | 5077000 | 453000 | | | |
| 2004 | 13439000 | 6883000 | 500000 | | | |
| 2005 | 14020007 | 10466340 | 525736 | 231343 | 84220 | 171016 |
| 2006 | 14575500 | 11312600 | 556300 | 256700 | 100000 | 148700 |
| 2007 | 6794700 | 12149000 | 672500 | 352500 | 148300 | 110100 |
| 2008 | 7245000 | 11232000 | 683200 | 443600 | 304600 | 3700 |

续表

| 年份 | 水泥/t<br>2005 年开始为熟料 | 粗钢/t | 合成氨/t | 尿素/kg | 甲醇/t | 硝酸/t |
|------|------------------|---------|---------|---------|--------|--------|
| 2009 | 6997500 | 10516700 | 857500 | 522900 | 273000 | |
| 2010 | 6742200 | 9593300 | 760900 | 439200 | 433400 | 107500 |
| 2011 | 6559000 | 8358000 | 892000 | 404000 | 421000 | 110000 |
| 2012 | 5448000 | 6945000 | 877000 | 409000 | 240000 | 109000 |
| 2013 | 6055000 | 7111400 | 684000 | 327000 | 243000 | 110000 |
| 2014 | 6050000 | 7462000 | 506000 | 171000 | 404000 | 71000 |

### 3.3.3　城市分部门排放分析

#### 1. 工业能源消耗排放分析

本部分排放是指中国 50 个城市的工业碳排放,包括工业部门能源消费和生产过程排放,同时剔除了电力生产的排放以及其他能源加工转换导致的重复计算(邵帅等, 2010)。从整体来看(图 3-6),2005~2015 年,中国 50 个城市的工业碳排放量呈现出增长的趋势,但大部分城市工业碳排放在总排放量中的占比呈现出下降的趋势,如北京、上海、南京、苏州、广州、长沙和武汉等城市;但也有少部分城市,如唐山、石家庄、徐州、连云港、盐城和银川等,其工业碳排放占比呈现出上升的趋势。

2015 年,唐山市的工业碳排放量在本书的 50 个中国城市中排名第一,达到了 192.89 百万 t,是工业排放量最小的城市(海口,30 万 t)的 645 倍。北京 2015 年的工业碳排放为 36.48 百万 t,相比 2005 年的 62.74 百万 t,下降了 41.86%;2015 年工业碳排放占北京总排放的 20.71%,相比 2005 年工业碳排放占比下降 48.74 个百分点。而唐山市作为河北省的重工业城市,近年来接受来自北京的高能耗行业(例如首钢)的迁入,工业碳排放占比由 2005 年的 77.28%上升至 2015 年的79.25%,上升了 2 个百分点。这也反映了中国城市发展的一个现状,部分城市在产业结构升级调整过程中,可能将一些高碳排放工业转移到周边其他城市。例如,北京市首钢搬迁到曹妃甸,在产业转移的同时,也伴随着排放的转移,这对单个城市来说可能完成了减排的目标,但是对实现国家层面的减排目标可能并没有贡献。因此,一方面,城市应该自觉避免这种碳泄漏问题的发生;另一方面,省份或者国家层面要强调发达城市产业和先进技术的同时转移,实现转移产业的技术改造和升级。

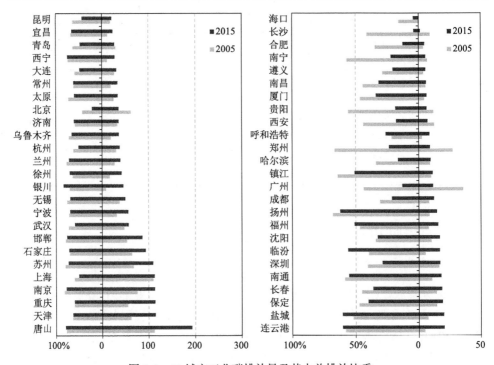

图 3-6　50 城市工业碳排放量及其占总排放比重

横坐标右半部为工业碳排放（单位：百万 t），横坐标左半部为其占总排放的比重

### 2. 交通碳排放分析

如图 3-7 所示，50 个中国城市的交通碳排放总量在 2005～2015 年间均保持增长趋势。其中，北京、上海和成都的交通碳排放量最高，这跟这几个城市机动车保有量水平较高有关，成都市近几年工业排放占比下降，交通源正成为主要的碳排放源；扬州、镇江和西宁的交通碳排放量最低。深圳和重庆的交通碳排放量增长迅速，主要是因为这两个城市的人口数量庞大，出行需求大，机动车的保有量有所增加。截至 2016 年底，全国有 49 个城市的汽车保有量超过百万辆，18 个城市的汽车保有量超两百万辆（图 3-8），北京、成都、重庆、上海、深圳和苏州超三百万辆。

从交通碳排放占比来看，2015 年海口、成都和深圳等城市交通碳排放所占比例较高，交通源已经超过工业源成为最主要排放源。其中，海口市 2015 年交通碳排放占比达到了 44.09%。2015 年，海口市 GDP 为 1258 亿元，其中三产增加值为 960 亿元，占比为 76.31%。海口作为著名的旅游城市，三产占比高，相关的交

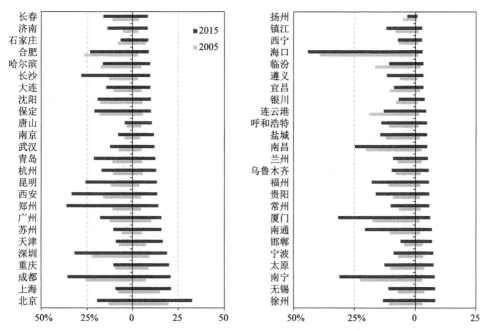

图 3-7  50 城市交通碳排放及其占总排放的比重

横坐标右半部为交通碳排放（单位：百万 t），横坐标左半部为其占总排放的比重

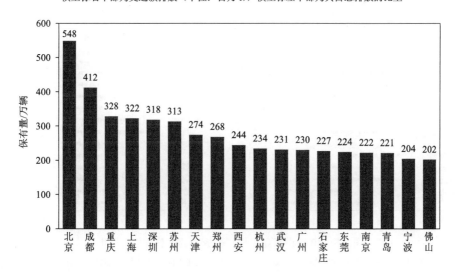

图 3-8  截至 2016 年底汽车保有量超过 200 万的城市

通运输发达，导致交通部门碳排放占比较高。从交通碳排放占比趋势分析，部分城市的交通部门碳排放占比呈现上升趋势，如昆明、济南、长沙和西安等。当然，也有少数城市的交通碳排放占比有所下降，如临汾、扬州、石家庄和连云港等。

### 3. 工业过程碳排放分析

在实际计算过程中，受到城市统计年鉴数据的限制，工业过程碳排放量的计算主要根据该市的工业产品产量，主要计算了水泥和钢铁生产过程的碳排放（这两者的产量数据较为翔实）。由图 3-9 可见，从总量上来看，2015 年重庆和唐山的工业过程碳排放量最高。2005 年重庆市水泥产量为 2100.69 万 t，到 2015 年增长到 6798.83 万 t，为 2005 年的 3.2 倍，巨大的水泥产量及其增幅使得重庆市 2015 年的工业过程碳排放量最高。而唐山市工业过程碳排放量的增长主要是由钢铁产量增加导致的，首钢的迁入是一个主要原因。从工业过程在城市碳排放总量中的占比情况看，合肥、南宁和遵义等城市工业过程碳排放的占比相对较高（2015 年达到 25% 左右），而且呈现上升趋势，这主要与这几个城市较高的水泥和钢铁产量以及相对较低的碳排放总量有关。

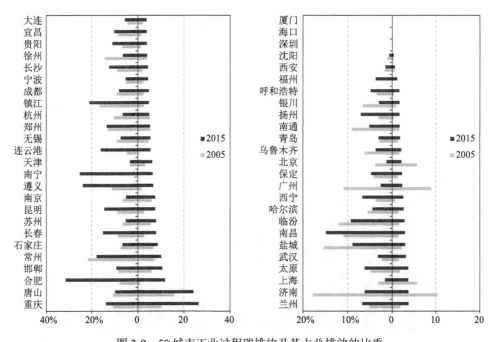

图 3-9　50 城市工业过程碳排放及其占总排放的比重

横坐标右半部为工业过程碳排放（单位：百万 t），横坐标左半部为其占总排放的比重

从工业过程碳排放占比趋势看，大部分城市的工业过程碳排放占比呈现先上升后下降的趋势，如广州、上海和北京等；小部分城市依旧保持上升趋势，如重庆、唐山和合肥等。同时，其他部门碳排放量的增长（例如工业能耗和交通碳排放等）加剧了工业过程碳排放占比的下降。北京市工业过程碳排放占比由 2005 年

的 3.82%下降至 2015 年的 1.28%，主要是因为随着高耗能、高污染行业的搬迁，钢铁、水泥等产品产量大幅减少。例如，北京市水泥行业在"十二五"期间淘汰企业 11 家（仅存 3 家新型干法企业），淘汰水泥产能达 600 万 t 左右。

4. 其他碳排放分析

该部分主要包括一产和建筑的碳排放，同时从中剔除了交通油耗统计数据导致的重复计算，结果如图 3-10 所示。从排放总量看，4 个直辖市和广州等大型城市的其他碳排放量较高，北京市 2015 年其他碳排放量达到 96.16 百万 t，是该部分排放量最小的城市的 27 倍（海口 3.55 百万 t）。从碳排放占比来看，哈尔滨、广州、北京和长沙的其他碳排放占比较高，其中，北京的占比从 2005 年的 40.26% 上升到 2015 年的 57.43%。

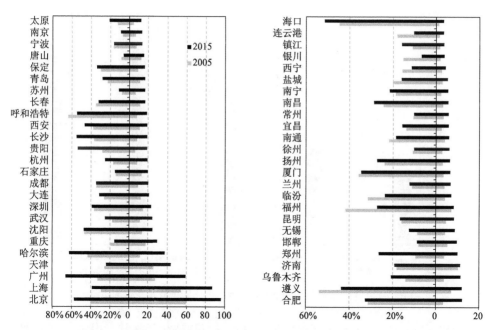

图 3-10　50 城市其他碳排放及其占总排放的比重

横坐标右半部为其他碳排放（单位：百万 t），横坐标左半部为其占总排放的比重

# 3.4　中国城市碳排放驱动因素

## 3.4.1　城市总体碳排放驱动因素分析

本书中采用 LMDI 方法，定量评估了 2000～2015 年期间，经济、人口、排

放强度和能源强度 4 大类因素对 50 个中国城市总体碳排放变化的贡献。为便于陈述和讨论,将 2000~2015 年细分为 4 个阶段:入世阶段(2000~2004 年)、高经济增长阶段(2004~2008 年)、金融危机后阶段(2008~2012 年)和经济新常态阶段(2012~2015 年)。如图 3-11 所示,在入世阶段和高经济增长阶段,50 个城市二氧化碳排放量高速增长,2000~2004 年增长率为 54.64%;2004~2008 年增长率为 50.26%;但在金融危机之后,50 个城市二氧化碳排放量的增长率降至28.63%;自 2012 年进入新常态后,增长率急剧下降至 0.22%。由此可见,近年来中国城市碳排放总量的增长趋势已经趋缓。

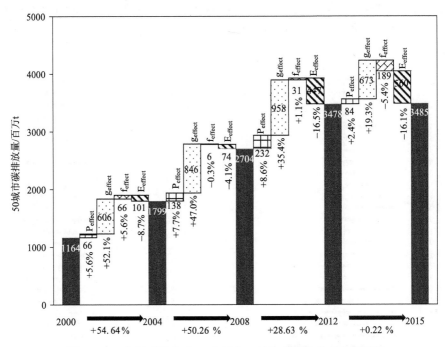

图 3-11　4 个驱动因素对 50 个城市二氧化碳排放量变化的贡献

　　经济效应(g_effect)代表经济发展对城市碳排放变化的贡献,由图 3-11 可见,高速的经济发展是中国城市二氧化碳排放量增长的最大驱动因素。人均 GDP 由2000 年的 6221 美元增长到 2015 年的 22852.86 美元(文中 GDP 是按购买力平价PPP 折算,基于 2011 年不变价美元),促使 2015 年总排放量相对于 2000 年增加了 30.83 亿 t(贡献率为 118.6%);而且,经济效应在 4 个阶段都是促进碳排放增长的最主要因素,4 个阶段的平均贡献率是 38.5%。在没有其他因素影响的情况下,经济效应促使中国城市排放量在入世阶段和高经济增长阶段分别增加 52.1%和 47.0%;尽管在金融危机后阶段和经济新常态阶段,这一驱动因素的贡献有所减缓，但是仍达到 35.4% 和 19.3%。经济效应的贡献程度在连续 4 个阶段中呈现下降趋势，这也是导致城市总排放增长速率下降的主要因素。这说明中国城市经济增速放缓，正从快速增长的高产量模式转变为具有可持续发展的高质量模式。可见，中国经济的发展越来注重质量和效率，经济发展朝着"又好又快"转变，经济结构优化调整的节能降耗效果日益显现。

人口效应（$P_{effect}$）是导致中国城市二氧化碳排放量增加的第二大因素，2000～2015 年，人口效应对碳排放量增长的贡献率达 19.0%（约 4.38 亿 t 二氧化碳）；在不考虑其他因素影响的情况下，人口效应在 4 个阶段对城市碳排放增长的平均贡献为 6.1%，在新常态阶段仅为 2.4%。中国近年来人口数量增长缓慢，其对城市二氧化碳排放变化的贡献远远小于经济增长的贡献。

能源强度效应（$E_{effect}$）是抵消城市二氧化碳排放量增长的最大因素，2000～2015 年间，累计减少了 8.65 亿 t 二氧化碳的排放（贡献率为-37.3%）。在不考虑其他因素影响的情况下，能源强度效应在 4 个阶段对减缓城市碳排放的平均贡献为 11.4%，但这种抑制作用难以抵销由经济快速增长导致的碳排放的增长。能源效率的提高得益于中国政府积极推动节能环保技术的落地，随着落后产能的淘汰，工业的产业结构发生了积极的变化，取得了显著成效，带来了明显的节能减排效果。因此，能源强度（单位 GDP 的能源消耗）的逐渐下降和能源行业技术水平的实质性提高，在提升能源效率的同时促进了经济的增长。随着我国能源结构调整政策实施，我国产业结构发生了很大的变化，呈现出高技术、低能耗的发展趋势，高耗能、高污染行业的比重逐渐降低，低能耗、高新技术产业占比快速上升，工业结构呈现高新技术化趋势，产业结构不断优化。

此外，在新常态阶段，排放强度效应（$f_{effect}$）有助于减少 5.4% 的排放量（1.89 亿 t）。改革开放 40 多年来，我国在取得巨大经济发展的同时，高耗能、高污染的生产模式也对生态环境造成了严重破坏，已经严重阻碍了国家的可持续发展。中国政府提出了绿色低碳战略发展，通过改善能源结构，包括大力利用非化石能源，积极发展水电、核电、风电和太阳能等清洁能源来优化能源消费结构，促进能源结构的转型。统计资料表明，2008～2015 年，我国煤炭占比逐渐下降，煤炭消费占比已经由 72.5% 降低到 62%。从 2006 年开始天然气占比快速提高，从 2.8% 增加到 6.2%，成为增长最快的化石能源。煤炭占比开始逐步下降，天然气、电力及其他清洁消费的占比逐年上升，使得我国能源消费结构更加多元化（Shan et al., 2018）。

### 3.4.2　城市碳排放驱动因素分析——以苏州为例

本书以苏州市为例，应用前文中提到的 LMDI 分解的计算方法，对苏州市排放量及影响排放的主要驱动因素进行了详细的分析和讨论。

如图 3-12 所示，2005～2016 年间，苏州市温室气体排放总量呈上升趋势，从 0.81 亿 t 增长到 1.72 亿 t，并在近年呈现出波动的趋势。

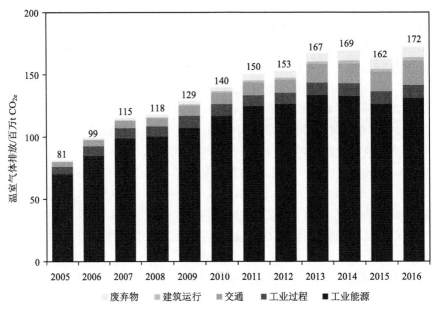

图 3-12　2005～2016 年苏州市温室气体排放及结构

工业部门的化石能源消费是苏州市最主要的温室气体排放来源，其引起的温室气体排放从 2005 年的 7010 万 t 增长到 2016 年的 1.31 亿 t，占苏州市温室气体排放总量的 76%～83%。其中，电力、蒸汽、热水的生产和供应业是工业碳排放的最主要贡献部门，伴随苏州市电力消费的自给率从 2005 年的 44%上升到 2016 年的 74%，其对苏州市工业能源消费碳排放占比也从 2005 年的 37%增长到 2016 年的 46%。此外，由于坐拥华东地区重要的钢铁生产基地沙钢集团，苏州市的黑色金属加工和压延业也成了其工业部门第二重要的排放源，2005～2016 年间，其对总体工业能源消费碳排放的贡献一直保持在三分之一左右。

除工业能源消费之外，苏州市的第二大碳排放来源是工业过程，其约占苏州市温室气体排放总量的 6%～8%。其中尤为引起注意的是工业生产加工过程中排放的氢氟烃化合物[①]，约占整个苏州工业加工排放量的 17%。一方面，由于 HFCs 在现代技术、有机合成、酶抑制剂、生物医学等方面均有广泛应用，苏州地区的

---

① 氢氟烃（Hydrofluorocarbons，简称 HFCs）主要包括 R134a、R125、R32、R407C、R410A、R152 等，是一种常见的制冷剂，相对于氯氟烃（氟利昂）而言，氢氟烃的臭氧层破坏系数为 0，但由于能够在大气中稳定存在，长期来看能够造成严重的温室效应。

产能密集，使 HFCs 的排放量较大；另一方面，由于 HFCs 具有极高的全球增温潜势[①]，即使在 HFCs 排放量很低的情况下，其折算后的二氧化碳排放当量也十分惊人，需要重点关注 HFCs 排放尾气的末端处理。

苏州市温室气体排放的第三大贡献源是交通运输。2005～2016 年，苏州市汽车保有量（不包括摩托车）从 44.94 万辆增加到了 313.26 万辆，交通运输部门的温室气体排放量占到了总排放量的 5%～11%，从 2011 年开始，排放占比超过工业过程成为第二大排放部门。

从人均的视角来看，苏州市 2016 年人均二氧化碳排放约 16.15 t，高于北京、上海等经济结构以第三产业为主导的国内发达城市，却与国外发达城市的人均排放较为接近（图 3-13）。可能是由以下原因造成。

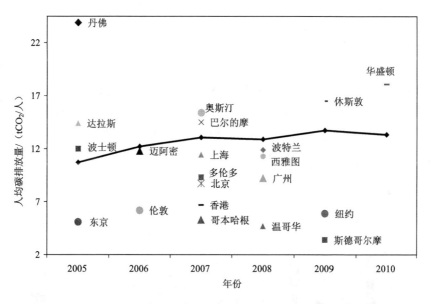

图 3-13　苏州（黑线）与国内外城市的人均碳排放量比较

城市温室气体清单包括电力和热力消费、道路运输、工业过程和垃圾填理相关的排放，但不包括航空和航运的排放

（1）苏州是一个工业型城市，2016 年，工业 GDP 占比达 43.3%，而且重工业又占工业总产值的约 75%。工业生产过程中大量的化石燃料被消耗，其中，煤炭作为主要能源，提供了苏州市近 85% 的能量消耗，导致碳排放量巨大。

（2）相对于其他国内城市，苏州市具有大量 HFCs 产能，HFCs 生产过程导致

---

[①] 全球增温潜势（global warming potential，简称 GWP），亦作全球升温潜能值，是以 CO₂ 为基准，衡量不同温室气体对全球变暖影响程度的一种手段。此处 HFCs 的百年 GWP 为 12400，意味着 HFCs 导致的温室效应是 CO₂ 的 1.2 万倍，也即 1 t HFCs 排放相当于 1.2 万 t CO₂ 排放。

的碳排放量约占工业过程排放的 17%。

（3）相对于国外城市，中国城市的边界定义不同，中国的城市是以行政边界来定义，包括郊区和农村，而国外的城市仅仅是建成区范围内。如果沿用国外的城市边界定义，则对苏州碳排放影响最大的钢铁行业就不需要被计入苏州市的排放中，因为苏州的钢铁产能主要位于张家港，而非苏州市城区。

综上所述，苏州之所以有如此高的温室气体排放水平，主要是由于其经济结构中有相当比例的能源密集型产业，这同样也是作为世界工厂的中国在减缓城市温室气体排放时面临的挑战。如果不能很好地优化目前的经济和工业结构，在现有的能源消费结构及其发展趋势下，苏州的碳排放水平很难得到有效的控制。

本书采用 LMDI 法，定量评估了 2005～2016 年期间，经济、人口和技术三大类因素对苏州市碳排放变化的影响[图 3-14（a）]，并且进一步分解了工业产值、产业结构、能源结构和能源强度对苏州的工业能源消费碳排放的影响[图 3-14（b）]。从分解的结果来看，2005～2016 年经济效应是导致苏州碳排放增加的最主要驱动力，经济发展带来了 6997 万 t 的排放增加（+77.14%）；人口效应是导致苏州碳排放增加的第二大驱动力，人口规模的增长导致了碳排放总量增加了 4114 万 t（+45.35%）；技术效应是导致碳排放总量减少的驱动力，技术提升、结构优化等手段导致碳排放减少了 2040 万 t（–22.49%）。下面将针对各驱动因素进行分析。

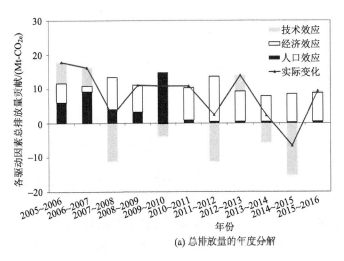
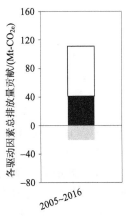

(a) 总排放量的年度分解

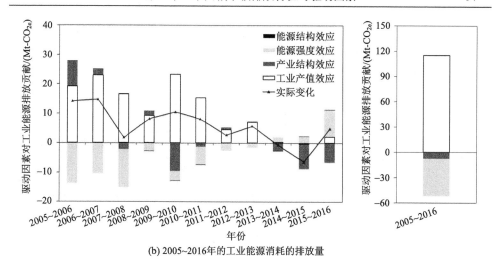

(b) 2005~2016年的工业能源消耗的排放量

图3-14　影响苏州温室气体排放增加的驱动力

柱状表明了每个因素的贡献；线表示温室气体排放变化量，即各因素的综合贡献

### 1. 经济发展

经济的发展可以由人均 GDP（经济效应）的变化进行描述，苏州人均国内生产总值（$g$）从 2005 年到 2016 年增加了 121%，并且期间一直保持着稳定的增速（图3-15）。经济发展是 2005 年到 2016 年苏州温室气体排放量增加的最大驱动力［图3-14（a）］，人均 GDP 的提升，导致总碳排放相对于 2005 年增加了 6997 万 t（+77.14%）。

作为苏州经济的中流砥柱，同时也是最大的碳排放源，苏州市的工业产值从 2005 年的 3944.29 亿美元上升到了 2016 年的 8193.95 亿美元，工业产值的提升也是工业能源消耗碳排放增长的最大驱动力，其使得工业能源排放较 2005 年增加了 1.15 亿 t［+180.00%，图3-14（b）］。

工业是苏州经济发展的最大贡献者，其贡献了总 GDP 的 43.3% 以上。除此以外，苏州的旧城改造，城市基础设施建设和房地产业的发展，持续的投资驱动经济增长，间接刺激了苏州市重工业的发展。在此期间，粗钢的生产增加了 133.95%；另外，重工业占工业生产总值的比例从 2005 年的 70.63% 增加到 2016 年的 74.94%。重工业的发展大大增加了苏州市化石能源消耗，并继而增加温室气体排放量。此外，由于重工业的碳排放强度是轻工业的两倍以上，增加重工业比重的同时也提高了单位 GDP 的碳排放强度，增加了温室气体排放总量。重工业产值的增加导致工业能源消耗方面增加了 1.01 亿 t 的排放量。此外，五种重工业行业，即石油加工及炼焦业，化学原料及化学制品制造业，非金属矿物制品业，黑色金属冶炼及压延加工业，电力、热力的生产和供应业，产品产量的增加，使得全市温室气体排放量增加了 0.99 亿 t。因此，有效管理这五个行业的生产活动，是减缓苏州市未来温室气体排放量的一个重要抓手。

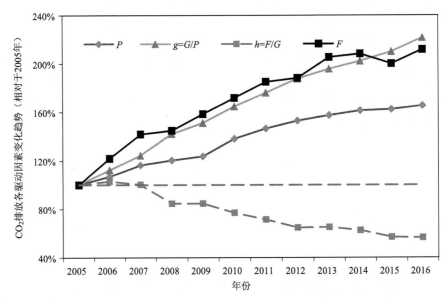

图 3-15　2005～2016 年苏州各碳排放驱动因素变化

图中 F 代表总排放量；P 代表人口；g 代表人均 GDP；h 代表碳排放强度；G 代表国内生产总值

### 2. 人口变迁

2005～2016 年，苏州市常住人口（P）增加了 41%，从 758 万人增长到 1064 万人（图 3-16）。人口增长是苏州温室气体排放的第二大驱动力，2005～2016 年，人口总量的提升导致苏州市碳排放总量增加了 4114 万 t[+45.35%，图 3-14（a）]。

具体而言，苏州市人口增长趋势可分为两个阶段，在 2005～2010 年间，苏州市总人口保持着快速增长，但是在 2010～2016 年，苏州人口却保持相对稳定。与人口增速相对应的是其对碳排放增加的贡献，在 2005～2010 年间，人口变化导致碳排放总量增加的贡献度为 3%～16%；而在 2010～2016 年期间，人口总量变化几乎没有对苏州碳排放的变化产生显著影响[图 3-14（a）]。结合苏州本地人口的自然增长率很低这一信息，推测前一个阶段的人口快速增长主要是由城市扩张以及人口迁移所导致，而后一个阶段城市扩张速度放缓[①]，从而人口总量也没有

---

① 统计资料显示，苏州市 2005～2010 年间建成区面积增加约 248km²，而 2010～2016 年间的建成区面积仅增加 53km²。

明显提升。

人口因素对于碳排放的影响总体包括两个方面：一方面，人口的快速增长促进了经济的发展，消耗了更多的产品和能源；另一方面，人口的城市化也会增加人均能源消费，并产生更多的碳排放。城市化快速发展需要城市基础设施建设的支撑，这不可避免地产生能源需求。苏州的城市化率从 2005 年的 65%上升到 2016的 75%（图 3-16），其中，2016 年远高于全国平均水平 57%。

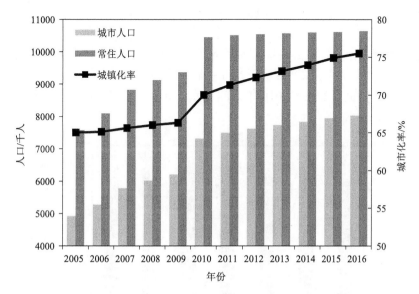

图 3-16  2005～2016 年苏州城市化率和人口的变化

3. 排放强度优化

2005～2016 年，苏州市碳排放强度（$h$）[①]从千美元 0.49 t 减少到千美元 0.42 t，下降了 16%（图 3-15）。碳排放强度的下降代表着技术水平的提升，是苏州温室气体排放得到遏制的关键因素，排放强度的控制抵消了 2040 万 t（−22.49%）的碳排放［图 3-14（a）］。综合排放强度主要受到三个因素的影响：能源效率、能源结构以及产业结构。下面将就这三个要素展开进行分析。

1）能源效率的提升

技术水平提升拉动了苏州能源利用效率的提高，苏州市的能源强度从 2005 年 1.04 t 标煤/万元降低到 2016 年 0.54 t 标煤/万元，导致工业碳排放下降 4388 万 t ［−68.72%，图 3-14（b）］。在工业产业中，钢铁及电力行业是重要的排放密集型

① 这里的综合排放强度指碳排放总量除以 GDP 总量。

行业,在占用了近80%的工业能耗的同时仅贡献了约10%的工业产值。2005～2016年期间,这两个行业的能源强度分别下降了 26.67%和 26.04%,带来了关键的碳减排驱动。

2)能源结构优化

能源消费结构上,苏州的能源消费结构略有优化,并在一定程度上降低了全市碳排放强度。苏州市 2016 年煤、电、石油、天然气的消费量分别占全社会能源消费总量的 64.19%、15.28%、10.31%和 6.24%(图 3-17,分能源品种占比计算不包括规下工业),相对于 2010 年,煤炭消费占比约降 3.5 个百分点,石油消费占比上升 2.3 个百分点,电力占比相对稳定,天然气消费略微上升 0.81 个百分点。此外,苏州市可再生能源禀赋匮乏,非化石能源生产和消费量在整个能源结构中的占比很小。因此,2005～2016 年期间,苏州市每单位能源消耗的碳排放量保持相对稳定。

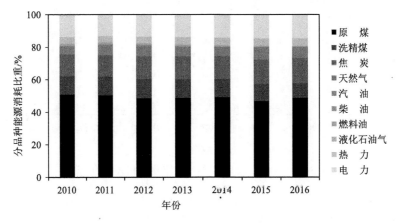

图 3-17　2010～2016 年苏州能源消耗情况

3)产业结构优化

产业结构优化方面,在苏州的三次产业结构中,低排放强度的第三产业占比得到明显提升,2005～2016 年第三产业占比由 31.2%提升到 51.5%,并且金融、现代物流、科技和信息服务等生产性服务业增加值在苏州服务业中占比超过了50%,高新技术产业逐渐成为引领苏州经济发展和产业升级的主力。

此外,第二产业内部结构工业结构优化也带来了关键的减排驱动,2005～2016年间,工业产业的结构调整导致苏州市工业碳排放量减少了 749 万 t[-11.73%,图 3-14(b)]。工业结构转变的影响在过去几年逐渐增大,2013～2016 年已成长为重要的减碳驱动[图 3-14(b)]。

# 参 考 文 献

邵帅, 杨莉莉, 曹建华. 2010. 工业能源消费碳排放影响因素研究——基于 STIRPAT 模型的上海分行业动态面板数据实证分析[J]. 财经研究, 36 (11): 16-27.

Ang B W, Zhang F Q, Choi K H. 1998. Factorizing changes in energy and environmental indicators through decomposition[J]. Energy, 23(6): 489-495.

Friedl B, Getzner M. 2003. Determinants of $CO_2$ emissions in a small open economy[J]. Ecological Economics, 45(1): 133-148.

Güneralp B, Zhou Y, Ürge-Vorsatz D, et al. 2017. Global scenarios of urban density and its impacts on building energy use through 2050[J]. Proceeding of the National Academy of Sciences, 114(34): 8945-8950.

Kaya Y. 1989. Impact of carbon dioxide emission control on GNP growth: interpretation of proposed scenarios[J]. Paris: Intergovernmental Panel on Climate Change/Response Strategies Working Group, May.

Shan Y, Guan D, Hubacek K, et al. 2018. City-level climate change mitigation in China [J]. Science advances, 4 (6): eaaq0390.

Wang H, Lu X, Deng Y, et al. 2019. peak before 2030 implied from characteristics and growth of cities[J]. Nature Sustainability, 2: 748-754.

# 第4章 中国城市低碳发展规划案例分析

快速城市化进程和高速增长的能源消耗、碳排放使城市成为中国低碳发展的核心阵地，而低碳发展规划是城市实现低碳化发展的基本依据和根本保证。本章首先全面介绍了城市地方低碳发展规划的编制原则与内容框架，并以江苏省苏州市为案例城市，规划其未来低碳发展路径，以期为城市低碳发展规划实践提供借鉴。

需要指出的是，在以苏州为案例介绍城市低碳发展规划时，受限于城市公开统计数据的滞后以及本章主要研究工作在 2019 年前完成，本书选取 2005～2016 年为基准年，以 2020～2030 年为预测年。尽管案例城市数据相对滞后，本章的碳排放路径预测方法及低碳发展规划框架仍对其他城市具有重要借鉴意义。

## 4.1 城市地方发展规划框架

### 4.1.1 编制低碳发展规划的基本原则

编制低碳发展规划，应落实国家低碳发展总体要求，结合地方实际，坚持以下原则。

战略性原则。低碳发展规划是各城市坚持低碳发展的行动纲领。编制低碳发展规划要立足国际和国内两个大局、立足国家全局和地方实际、立足当前需要和长远发展，体现低碳发展的长期性、战略性，体现国家战略方针，体现地方经济社会发展的战略方向。

针对性原则。编制低碳发展规划要因地制宜，结合本地区实际情况，体现不同功能和不同类型区域低碳发展工作的要求，增强目标任务和政策措施的针对性，使规划真正满足本地区低碳发展的需要。

可操作性原则。编制低碳发展规划要讲求实效，注重落实，避免盲目追求形式、脱离实际，要深入研究规划编制中的重大问题，提出切实可行的规划思路和政策措施，确保规划实施对地方低碳发展发挥作用。

协同性原则。低碳发展规划应纳入产业结构调整、节能和提高能效、优化能源结构、碳汇作用等方面工作内容，体现各方面为促进低碳发展的努力，实现各方面工作在目标任务、政策措施上的协同，形成推动低碳发展的整体合力。

### 4.1.2　低碳发展规划的主要内容

#### 1. 基础条件

自然条件状况。主要包括地理位置、气候条件、地形地貌、生态系统、土地开发利用、化石能源和可再生能源等资源储量和分布、水资源、旅游资源等自然要素情况，本地区温度、降水等气候变化的趋势及影响等。

地方低碳发展工作取得的成效。回顾本地区已开展的低碳发展重点工作，总结工作成效和经验，重点包括转变经济发展方式、调整经济结构和能源结构、节约能源和提高能效、发展可再生能源、生态保护和建设、能力建设等。

地方低碳发展工作面临的形势。分析在全球积极应对气候变化、国家加快转变经济发展方式背景下，地方低碳发展工作面临的新形势、新要求。分析本地区经济社会发展现状，主要包括行政区划、人口、经济发展水平、产业结构和布局及主要产业发展状况、能源工业及能源利用等情况；分析本地区未来发展战略定位、发展速度和经济规模预测、产业结构和能源结构变化趋势、节能减碳增汇潜力等；分析本地区温室气体排放现状，预测未来排放趋势；分析低碳发展工作面临的机遇和挑战，查找存在的问题和薄弱环节（Gomi et al., 2010）。

#### 2. 指导思想、基本原则和目标

指导思想应符合国家低碳工作总体要求和本地区实际情况，明确本地区低碳发展工作方针和战略思路，体现发展方向和工作重点。

基本原则是对指导思想的进一步深化和具体化，是各项工作任务的具体指导方针，应贯彻到规划内容的各个层面。基本原则应导向明确、观点鲜明、高度凝练、针对性强。

地方规划目标要围绕实现本地区控制温室气体排放约束性指标要求，结合本地区低碳发展工作需要来确定。规划目标要与地区经济社会总体发展规划相协调，确定温室气体排放控制目标要统筹考虑产业发展、节能、可再生能源发展、生态保护和建设等规划目标，确定低碳发展目标要与农业、林业等领域的目标相衔接（王金南等, 2011）。经济发达地区的规划目标可以适度超前，低碳试点省份和试点城市规划目标应体现先进性，发挥在低碳发展方面的示范作用。在确定规划目标的基础上，提出具体指标体系。

#### 3. 重点任务

重点任务一般包括：产业结构调整，构建低碳工业、低碳建筑和低碳交通体系，优化能源结构和发展低碳能源，低碳消费，增加碳汇等内容。低碳发展的重

点任务应综合考虑以下因素。

1）地区在国家和区域发展中的主体功能定位

地区的主体功能定位是根据经济社会发展全局和地方实际而赋予的该地区在国家和区域发展中的主要功能，反映了国家对本地区发展的战略性、基础性和约束性要求。不同主体功能的地区，其低碳发展的目标要求、实现途径、重点任务将会不同。优化开发的城市化地区，应确立更为严格的温室气体控制目标，并将转变经济发展方式、调整产业结构、构建低碳产业体系和消费模式、加快现有建筑和交通体系的低碳化改造作为主要任务；重点开发的城市化地区具有较大聚集经济和人口的潜力，可给予一定的温室气体排放增量空间以容纳更大的经济和人口规模，其低碳发展重点任务应坚持走低消耗、低排放、高附加值的新型工业化道路，加快技术创新，加大对传统产业的改造升级，在建筑和交通规划设计过程中贯彻低碳发展理念；限制开发地区和禁止开发地区，一般为农产品主产区、生态功能区、文化功能区，应明确为低碳国土，禁止发展高耗能、高排放产业，设定严格的温室气体排放控制目标，重点是控制农业、废弃物等领域温室气体排放，增加碳汇，提高减缓和适应气候变化的能力（Crawford and French, 2008）。

2）地区经济社会发展状况和未来趋势

地区产业结构和经济发展状况决定了当前温室气体排放水平和重点领域，以及控制温室气体排放的潜力和能力，决定着当前控制温室气体排放的重点任务。同时，地区未来发展方向和产业结构变化，将影响未来温室气体排放的增长趋势和特征，决定了不同类型地区应采取不同的减排策略和政策。高排放行业集中地区，应侧重提高能效和技术水平，降低行业碳排放强度；以服务业为主导的地区，应重点控制商业、建筑、交通、居民生活排放。

3）地区自然条件

地区自然条件既是决定地区经济社会发展的基础要素，也对地区低碳发展具有重要影响。不同的气候、生态、水资源、地理位置、地形地貌、土地开发利用、化石能源和可再生能源等资源储量和分布等方面的自然条件，对减缓和适应气候变化具有不同的要求。生态脆弱地区应限制或禁止高强度开发，避免人类活动对水源和植被的破坏；植树造林潜力大的地区应将增加碳汇作为重点任务；可再生能源资源富集地区应将发展非化石能源作为重点任务。

4）地区低碳发展基础

提出低碳发展工作目标任务和对策措施，应考虑前期工作进展，以及体制机制、基础能力、人才队伍基础。同时，能力建设是当前和今后一段时期内低碳发展的重点任务，应根据本地区目前工作基础，确定能力建设的主要内容、投入力度和优先顺序，确保规划目标任务的顺利完成。

5）重点工程

重点工程是实现规划目标的重要工程技术措施。重点工程的确定要符合国家低碳发展的总体要求，反映本地区应对气候变化工作的重点领域和重点任务，能够对规划目标的实现发挥关键作用。重点工程一般包括：节能减碳重点工程、可再生能源发展重点工程、生态保护和建设重点工程、低碳技术示范和产业化重点工程、低碳试点示范重点工程等。规划中提出的重点工程要依托工程项目，明确实施主体、实施效果、工程进度、资金投入以及规划指标的关联性和贡献度。

6）保障措施

保障措施是确保规划目标任务顺利实现的重要抓手。一般应从法律法规、体制机制、政策体系、资金保障、科技支撑、对外合作、人才队伍、宣传引导以及规划实施等方面制定。保障措施要务实，具有可操作性，避免空洞的表述。

（1）法律法规。主要论述地方根据低碳发展需要，制定本地区低碳发展工作条例、规章的有关考虑，以及将低碳发展工作纳入节能环保、投资管理、能源开发、森林保护、城乡建设等地方行政法规修订工作的有关考虑。

（2）体制机制。主要论述地方根据低碳发展需要，设立工作机构，调整职能设置，以及建立和完善相应工作制度的有关考虑。

（3）政策体系。主要论述地方为低碳发展需要，根据实际情况，完善财政、投资、产业、土地、价格、金融、环境保护等政策或制定出台新政策，引导各方面行为的有关考虑。

（4）资金保障。主要论述实现规划确定的目标任务、重点工程、能力建设等所需要的资金规模、渠道和投入方式，发挥政府财政资金、社会资金、外资等多元化资金的作用，特别是明确本地区财政资金投入目标。

（5）科技支撑。主要论述地方为推动低碳发展工作，根据地方实际情况，围绕气候变化科学研究、低碳技术和适应技术开发、科研成果推广应用、科技合作等方面将采取的具体措施的考虑。

（6）对外合作。主要论述地方与国际组织、发达国家、发展中国家之间，各地区之间开展低碳发展合作的有关设想和具体内容。

（7）人才队伍。主要论述地方在低碳发展管理团队、专家队伍、科研队伍建设方面采取的措施，以及围绕低碳发展学科建设采取的具体措施。

（8）宣传引导。主要论述地方低碳发展科学普及、政策宣传，以及引导地方政府部门、企事业单位、居民等积极参与低碳发展工作的相关考虑。

（9）规划实施。主要论述实现规划各项目标任务的具体实施机制，包括实施进度、跟踪评估、部门分工等内容。

# 4.2　案例城市基础条件

本部分案例研究选取苏州市作为案例城市，以 2005～2016 年为基准，探索其 2020～2030 年的低碳发展路径。

## 4.2.1　自然环境

苏州地处江苏省东南部，市区的中心地理坐标为北纬 31°19′，东经 120°37′，位于以太湖为中心的浅碟形平原的底部，土地肥沃；东临上海，南连浙江省嘉兴、湖州两市，西抱太湖，与无锡相接，北依长江，是长三角重要的中心城市之一。因此，苏州市实现低碳发展有着显著的区位优势。

然而，苏州市所在的中亚热带北缘向北亚热带南部过渡的季风气候区也是全球气候变化的敏感区域。在全球气候变化的背景下，苏州的城市热岛效应加强、大气污染事件增多、本地极端天气事件时常发生。此外，由于境内河网密布，湖泊众多，各级河道 21454 条，大小湖泊 323 个，气候变暖为湖泊蓝藻暴发提供了充足的外部条件，水资源安全正遭受着严重的威胁。针对以上这些问题，苏州市亟需开展低碳城市建设，以有效应对气候变化风险。

## 4.2.2　社会经济发展现状

苏州市行政区划面积 8657.32 km²，其中市区面积 4652.84 km²，下辖 4 个县级市：张家港市、常熟市、太仓市、昆山市；6 个区：吴江区、吴中区、相城区、姑苏区、苏州工业园区、苏州高新区（虎丘区）。截至 2016 年末全市共有镇 55 个、街道 41 个、居委会 1126 个，村委会 1034 个。

近年来，苏州市保持低生育水平，出生人口素质稳步提高。2016 年末，全市户籍总人口 678.20 万人，比上年增加 11.18 万人，其中市区户籍人口 348.01 万人，较上年增加 6.10 万人。2016 年全市常住人口为 1064.74 万人。人民生活水平稳定提升，城乡居民收入快速增长。2016 年，城镇常住居民人均可支配收入 54341 元，比上年增长 7.8%；农村常住居民人均可支配收入 27691 元，比上年增长 8.3%。

苏州市生态环境持续改善，民生质量不断提高，社会发展和谐稳定。2016 年全市实现地区生产总值 15475.1 亿元，按不变价计算比上年增长 10.75%（图 4-1）。人均地区生产总值（按常住人口计算）14.56 万元，按年平均汇率折算达到 2.19 万美元。财政收入稳步增长，宏观经济效益发展良好。2016 年地方一般预算收入达到 1730.0 亿元，较上年增长 10.8%，其中税收收入的增长率为 12.5%。公共服务能力得到了提高，财政支出中民生占比逐年增加。全市民生方面的支出占财政支出的 73.73%。

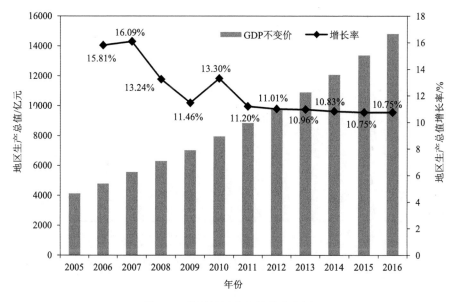

图 4-1　苏州地区生产总值变化图

经济的稳健发展和人民生活水平的逐年提高为苏州市顺利开展低碳工作提供了重要保障。

### 4.2.3　产业发展现状

从三大产业类型来看，2005～2016 年，苏州市第二产业增加值稳步增长，但其在地区生产总值的占比自 2005 年来出现逐年下降趋势，到 2016 年末降至47.03%（图 4-2）；与此同时，第三产业增加值稳步递增，在地区生产总值中占比也逐步提高，2016 年末增至 51.54%；第一产业生产总值很小且基本上保持稳定。由此可以初步判断，2005～2016 年间，苏州市产业结构调整取得一定成果，工业生产在经济总量中的比重有下降趋势，而第三产业的蓬勃发展，基本弥补了工业转型期二产增速放缓对经济总量的影响，从而保证了社会经济的稳步提升。总体来看，全市经济逐步向二产比重逐年减少、三产比重逐年增加的趋势发展，有利于进一步推动低碳城市建设工作的顺利开展。

从工业部门内部结构来看（图 4-3），纺织业、化学原料及化学制品制造业、黑色金属冶炼及压延加工业、通用设备制造业、电气机械及器材制造业、通信设备和计算机及其他电子设备制造业六大支柱产业在苏州市的工业经济发展中占据主导地位，2016 年实现规模以上工业总产值 20316 亿元，与 2015 相比增长 188 亿元，占全市规模以上工业总产值的比重达到 66.15%。其中，纺织业占比为 4.26%，化学原料及化学制品制造业为 6.37%，黑色金属冶炼及压延加工业为 7.93%，通用设备制造业为 6.36%，电气机械及器材制造业为 8.84%，通信设备和计算机及其他电子设备制造业占比达到 32.39%。

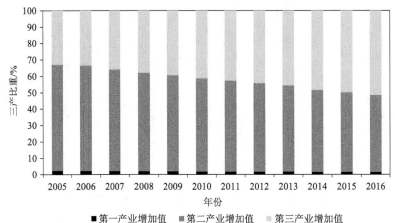

图 4-2　苏州市三产结构年际变化图

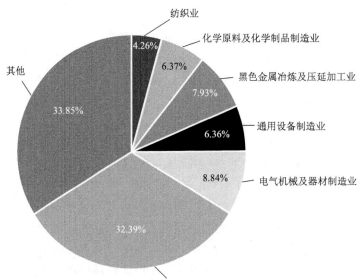

图 4-3　2016 年苏州工业产值行业结构比例图

苏州市加大了产业技术水平方面的科技投入，全社会研究与开发费用（R&D）投入占 GDP 比重由 2005 年的 1.34%提高到 2016 年的 2.78%，2016 年规模以上工业企业研发经费投入达到 361.5 亿元，比上年增长 7.3%。2016 年全市实现了 14382 亿元

的高新技术产业产值,在规模以上工业产值中的比重由 2005 年的 31.1%提升到
46.9%。高新技术产业已成为拉动苏州工业经济增长新的主导力量,为苏州发展
低碳经济提供了有力的技术保障。

在静脉产业方面,循环经济产业体系和社会体系基本形成,在工业、农业、
交通等领域综合推进,苏州全市范围内初步实现了城市生活垃圾(餐厨垃圾)综
合利用、电厂废弃物(粉煤灰)脱硫副产品循环利用、电子废弃物综合利用、石
化废弃物综合利用、冶金(钢铁)余热余压循环利用、再生资源回收利用等六条
特色循环产业链条,支撑着全市循环经济的快速发展。

## 4.3　案例城市低碳发展规划

### 4.3.1　城市能源消费

本节主要分析苏州市的能源消费情况,包括电力、热力等生产时的能源(例
如煤炭、天然气)消费。

苏州市单位地区生产总值能耗逐年下降(图 4-4),由 2006 年的 1.01 t 标煤/
万元 GDP 下降到 2016 年的 0.54 t 标煤/万元 GDP,年均下降 6%。但是,由于经
济总量的持续高速增长,苏州市近年来的综合能源消费量逐步上升,从 2006 年的
约 4840 万 t 标煤增长到 2016 年的约 8038 万 t 标煤,年均增长率为 5.2%。

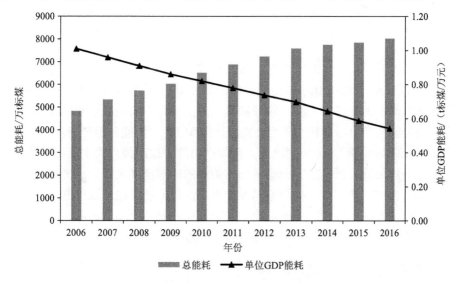

图 4-4　苏州市 2006～2016 年能源消费和能源强度

苏州市的能源消费结构以煤为主,2006～2016 年煤炭消费量的年均增长率为
4.70%,原煤消费占苏州市主要能源消费总量的 45%～53%,不过该比例呈现下降

趋势,从 2006 年的 52.86%下降到 2016 年的 48.74%(图 4-5)。苏州市的电力需求仅次于原煤,约占主要能源消费量的 14%(以当量值计算),2006～2016 年年均增长率达 6.70%。苏州市本地可再生能源禀赋匮乏,非化石能源生产和消费量较小,并且比较分散,主要包括分散式太阳能发电、地热系统和小型风能利用系统等。

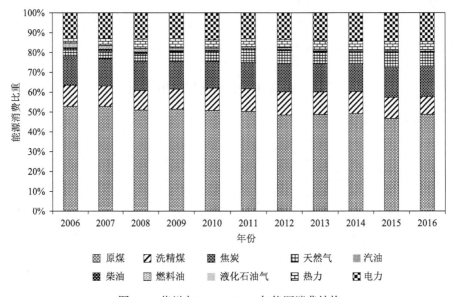

图 4-5　苏州市 2006～2016 年能源消费结构

　　2010～2016 年,全市工业部门能源消费占全社会能源消费总量的比重从 88.50%下降至 81.52%;2016 年交通部门能源消费约为 2010 年的两倍;公共建筑和住宅能源消费占比略有上涨;农业和建筑施工过程中的能源消费的比重较小,占全社会能源消费总量的比重不足 1%。工业部门的主要能源消耗行业中,电力、蒸汽、热水的生产和供应业(扣除加工转换产出的二次能源后的实际能源消费量)以及黑色金属冶炼及压延加工业是苏州市绝对的能源消耗大户,二者能耗各占总量的 28%～34%;纺织业,化学原料及化学制品制造业,造纸及纸制品业,通信设备、计算机及其他电子设备制造业,非金属矿物制品业,约占苏州市规上工业综合能源消费的 30%;其他行业能源消耗占比在 10%左右。

### 4.3.2　城市碳排放现状、趋势与贡献

#### 1. 碳排放现状

从图 4-6 中可以看出,除 2015 年由于经济下行造成二氧化碳排放减少以外,

苏州市的二氧化碳排放总量在总体上呈增长趋势，从 2005 年的约 8120 万 t 增加到 2016 年的约 17191 万 t，年均增长 7.06%。2011 年以后，苏州市的二氧化碳排放总量增长速度减缓，2014 年的涨幅仅为 0.5%。2005～2016 年，苏州市二氧化碳排放总量分部门年均增长率情况为：工业能源相关排放的年均增长率为 5.85%，工业过程年均增长率为 5.16%，交通年均增长率为 15.58%，服务业年均增长率为 16.66%，居民生活年均增长率为 20.65%，废弃物年均增长率为 24.99%。

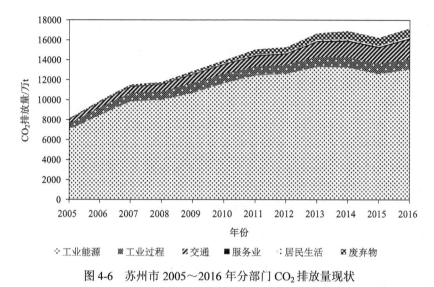

图 4-6　苏州市 2005～2016 年分部门 $CO_2$ 排放量现状

各部门在二氧化碳排放总量中所占的比例，如表 4-1 所示。可以看出，尽管工业能源消费相关的排放在苏州市排放总量中的占比呈现持续下降趋势，但是仍是苏州温室气体排放的主要来源，2012 年之前工业能源消费的排放占比始终保持在 80% 以上。2005 年以来，交通部门的碳排放占比逐年稳步增长，工业过程排放比重略有下降，2011 年交通部门碳排放超过工业过程，成为第二大排放部门。截至 2016 年，苏州市碳排放总量中，工业能源消耗的排放量占比最高（76.20%），交通部门次之（11.44%）。

表 4-1　分部门 $CO_2$ 排放比例　　　　　　　　（单位：%）

| 年份 | 工业能源 | 工业过程 | 交通 | 服务业 | 居民生活 | 废弃物 |
|------|---------|---------|------|--------|---------|--------|
| 2005 | 86.33 | 7.39 | 4.93 | 0.25 | 0.25 | 0.86 |
| 2006 | 85.56 | 7.88 | 5.15 | 0.30 | 0.20 | 0.91 |
| 2007 | 85.59 | 7.29 | 5.30 | 0.35 | 0.17 | 1.30 |
| 2008 | 85.12 | 7.06 | 5.78 | 0.51 | 0.17 | 1.36 |
| 2009 | 83.14 | 7.77 | 6.29 | 0.54 | 0.47 | 1.79 |

| 年份 | 工业能源 | 工业过程 | 交通 | 服务业 | 居民生活 | 废弃物 |
|------|----------|----------|------|--------|----------|--------|
| 2010 | 83.78 | 6.74 | 6.45 | 0.57 | 0.50 | 1.96 |
| 2011 | 82.87 | 5.79 | 6.92 | 0.60 | 0.53 | 3.30 |
| 2012 | 82.56 | 5.95 | 6.80 | 0.59 | 0.59 | 3.50 |
| 2013 | 79.92 | 6.00 | 8.93 | 0.60 | 0.72 | 3.83 |
| 2014 | 78.44 | 6.03 | 9.41 | 0.65 | 0.83 | 4.65 |
| 2015 | 77.66 | 6.22 | 9.85 | 0.68 | 0.68 | 4.92 |
| 2016 | 76.20 | 6.07 | 11.44 | 0.63 | 0.92 | 4.73 |

对比苏州市与国内外典型城市温室气体排放的部门分布（表 4-2），可以看出，苏州市工业行业碳排放比重仍然过大。伦敦、纽约等城市工业碳排放比重低，占据主导地位的是服务业。截至 2016 年，苏州市工业碳排放虽然仍占据主导地位，但是通过比较其 2005～2016 年的整体数据，苏州市各个部门呈现出向国内一线城市和国际城市的相应比例靠拢的趋势，工业的碳排放占比整体有下降趋势，而三产、交通、居民生活的碳排放比例持续上升。然而，较其他国内一线城市和国际城市，苏州市还存在着巨大差距，需要进一步调整产业结构，优化能源结构，加快由传统的工业化城市转型成为低碳城市。

表 4-2　区域间各部门碳排放比重　　　　　　　　　　（单位：%）

| 城市 | 苏州 | | 北京 | 上海 | 广州 | 伦敦 | 纽约 | 东京 |
|------|------|------|------|------|------|------|------|------|
| 年份 | 2005 | 2016 | 2005 | 2005 | 2005 | 2006 | 2006 | 2006 |
| 工业 | 93.65 | 82.25 | 50.65 | 61.42 | 60.88 | 5.66 | 3.11 | 10.9 |
| 三产 | 0.29 | 0.66 | 31.81 | 27.96 | 26.19 | 88.93 | 93.5 | 82.7 |
| 交通 | 4.98 | 11.44 | — | — | — | — | — | — |
| 居民生活 | 0.22 | 0.92 | 14.13 | 7.21 | 10.72 | — | — | — |

随着苏州市近几年产业结构的改善以及技术水平的进步，温室气体排放强度总体上正处于下降趋势（图 4-7）。然而，经济的迅速发展和居民生活水平的提高导致人均碳排放量总体呈现增长趋势。全市人均二氧化碳排放从 2005 年的 10.71 t/人上升至 2016 年的 13.71 t/人。

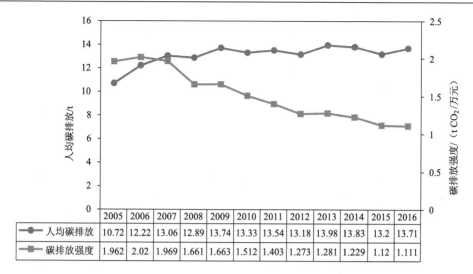

图 4-7　人均排放强度和单位产值排放强度

| | 2005 | 2006 | 2007 | 2008 | 2009 | 2010 | 2011 | 2012 | 2013 | 2014 | 2015 | 2016 |
|---|---|---|---|---|---|---|---|---|---|---|---|---|
| 人均碳排放 | 10.72 | 12.22 | 13.06 | 12.89 | 13.74 | 13.33 | 13.54 | 13.18 | 13.98 | 13.83 | 13.2 | 13.71 |
| 碳排放强度 | 1.962 | 2.02 | 1.969 | 1.661 | 1.663 | 1.512 | 1.403 | 1.273 | 1.281 | 1.229 | 1.12 | 1.111 |

### 2. 碳排放趋势

本书采用情景分析法,对苏州市未来的碳排放趋势和减排的潜力进行了研究。根据前文 Kaya 公式的分析结果,主要考虑人口、经济、产业结构、排放强度等变化对苏州市未来碳排放的影响。表 4-3 列出了本书中考虑的基准情景、产业结构主导情景、技术主导情景和综合减排情景下主要情景参数设置的概况,其中,GDP 增长速度根据苏州市"十三五"规划,将 2016~2020 年的增长率设置为 7%;考虑苏州市经济总量大,未来的经济增速放缓,增长率减小,2020~2025 年设置为 6%,2026~2030 年设置为 5%。对于人口参数的预测,根据苏州"十三五"规划,在 2020 年将常住人口控制在 1100 万左右,到 2030 年人口增长持续减缓。对于产业结构的参数设置,产业结构主导情景下根据"十三五"规划,到 2020 年服务业占比达 54%,之后工业占比继续下降,服务业占比增高,设定到 2030 年,服务业增加值占地区生产总值比重达 61%~64%。工业结构不断优化,高新技术和战略新兴技术不断增加,高污染、高耗能产业占比下降,产业结构主导情景下设定到 2030 年战略新兴产业和高新技术产业比重分别为 78%、65%,技术主导情景下设定各行业的技术水平分别在 2016 年与 2020 年达到国际先进水平。工业产品产量根据各行业发展和国家防止产能过剩等控制措施分别设置其未来产量的变化率。公共建筑面积根据第三产业的发展设置增长率,能耗则向发达国家看齐。随着人民生活的提高,人均居住面积不断增加,基准情景单位面积能耗呈上升趋势,技术主导情景下单位面积能耗则下降。交通方面由于技术进步和产业结构发展,燃气公交车占比增加,燃油经济性也不断提高。

表4-3 情景分析中主要参数与特征设定一览表

| 参数 | | 基准情景 | 产业结构主导情景 | 技术主导情景 | 综合减排情景 |
|---|---|---|---|---|---|
| GDP | | 2016~2020年年均增长速度为7%，2020~2025年为6%，2026~2030年为5% | | | |
| 人口 | | 2020年常住人口控制在1100万左右，2016~2020年年均增长0.40%左右，2021~2025年年均增长0.25%，2026~2030年年均增长0.20% | | | |
| 产业结构 | | 产业结构维持2016年水平不变 | 经济结构进一步优化，与目前发达国家的格局类似；2020年服务业增加值比重达到54%；2025年服务业增加值比重56%~59%；2030年服务业增加值比重达61%~64% | 同基准情景 | 同产业结构主导情景 |
| 农业发展 | | 考虑农业增加值的变化以及高效农业发展等因素导致单位增加值排放量的变化 | | | |
| 工业发展 | 工业结构 | 工业结构维持2016年水平不变 | 到2020年，战略性新兴产业产值占全市规模以上工业产值的60%左右，在产业体系中发挥主导作用；高新技术产业产值占规模以上工业产值比重提高到50%。到2025年战略新兴产业和高新技术产业比重分别为72%、60%，到2030年战略新兴产业和高新技术产业比重分别为78%、65% | 同基准情景 | 同产业结构主导情景 |
| 工业发展 | 工业能源效率 | 各行业技术水平维持2016年水平不变 | 同基准情景 | 高、低方案下各行业的技术水平分别在2016年与2020年达到国际先进水平。主要反映在单位产值$CO_2$排放这个变量 | 同技术主导情景 |
| 工业产品产量发展 | | 与固定资产投资相关的工业产品（如水泥）产量从2016年开始平稳下降，2025年以后维持稳定；钢铁产量从2016年开始平稳下降，但由于苏州市产业限制，年均增长率逐年速减。由于国家严格控制玻璃产能过剩，故未来玻璃产量会有大幅度增加，本书假定未来玻璃产量为前五年玻璃产量的滚动平均值 | | 同基准情景 | 同产业结构主导情景 |
| 公共建筑发展 | 公共建筑面积 | 公共建筑面积对第三产业增加值的弹性系数ET假设在2017~2030年间为1。到2017年，第三产业单位面积产出达到0.73万元/$m^2$左右，达亚洲发达国家水平 | | 同基准情景 | 同产业结构主导情景 |

续表

| 参数 | | 基准情景 | 产业结构主导情景 | 技术主导情景 | 综合减排情景 |
|---|---|---|---|---|---|
| 公共建筑发展 | 单位面积能耗水平 | 单位面积能耗达到上海市 2016 年达到 2010 年的水平，2020 年达到国家亚洲发达国家的现有水平 | 同基准情景 | 单位面积能耗增幅较基准情景略慢，2030 年达到日韩等亚洲发达国家水平 | 同技术主导情景 |
| | 住宅面积 | 人口增加，住宅建筑面积继续增加，2020 年人均住宅面积将达到 35m²/人，并维持不变 | 同基准情景 | 同基准情景 | 同基准情景 |
| 居民生活 | 单位面积能耗水平 | 人均收入增加，居民生活舒适度要求提高，单位建筑面积能耗增加 | 同基准情景 | 低碳、环境友好住宅广泛利用；充分利用清洁能源，节能家用电器普及，农村生活用能转向商品能源，单位建筑面积能耗较基准情景下降 | 同技术主导情景 |
| | 交通发展 | 交通发展维持 2016 年趋势不变 | 快速发展公交出行，燃气公交车占总公交数量的 10%左右，2030 年达 30%左右；公共交通网络完善，环保出行，轨道交通完善，并考虑私家车保有量上升的趋势 | 燃油经济性提高，低方案、高方案，2020 年较 2016 年分别提高 11%、16%；到 2030 年较 2016 年分别提高 17%、21% | 综合产业结构情景和技术主导情景 |

综合以上对影响苏州市碳排放的主要因素的分析，本书对苏州市未来的碳排放趋势进行了预测，结果如表 4-4 中和图 4-8 所示。

表 4-4　各情景下苏州市碳排放趋势　　　　　　（单位：万 t $CO_2$）

| 年份 | 基准情景 | 产业结构主导情景 | | 技术主导情景 | | 综合减排情景 | | | |
|---|---|---|---|---|---|---|---|---|---|
| | | 低方案 | 高方案 | 低方案 | 高方案 | 低方案 | 高方案 | 中方案1 | 中方案2 |
| 2017 | 19110 | 18861 | 18198 | 18907 | 18749 | 18665 | 17855 | 18510 | 18005 |
| 2018 | 20210 | 19477 | 18623 | 19881 | 19590 | 19163 | 18054 | 18884 | 18317 |
| 2019 | 21383 | 20079 | 18994 | 20931 | 20494 | 19656 | 18208 | 19627 | 18584 |
| 2020 | 22635 | 20627 | 19235 | 22083 | 21499 | 20123 | 18278 | 19594 | 18752 |
| 2021 | 23760 | 21295 | 19412 | 23049 | 22317 | 20655 | 18240 | 20007 | 18809 |
| 2022 | 24953 | 21988 | 19594 | 24104 | 23209 | 21236 | 18231 | 20459 | 18899 |
| 2023 | 26222 | 22700 | 19706 | 25187 | 24132 | 21798 | 18142 | 20904 | 18890 |
| 2024 | 27563 | 23297 | 19814 | 26361 | 24925 | 22273 | 17938 | 21086 | 18905 |
| 2025 | 28982 | 23631 | 19705 | 27599 | 26140 | 22490 | 17788 | 21342 | 18712 |
| 2026 | 30239 | 23835 | 19632 | 28676 | 26959 | 22583 | 17522 | 21280 | 18557 |
| 2027 | 31558 | 24132 | 19518 | 29913 | 27826 | 22863 | 17239 | 21315 | 18459 |
| 2028 | 32942 | 24482 | 19390 | 31018 | 28724 | 23025 | 16950 | 21392 | 18189 |
| 2029 | 34394 | 24666 | 19247 | 32268 | 29655 | 23111 | 16653 | 21321 | 17987 |
| 2030 | 35917 | 24920 | 19097 | 33575 | 30620 | 23274 | 16356 | 21341 | 17779 |

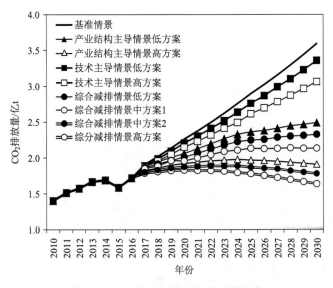

图 4-8　不同情景下苏州市碳减排潜力

在产业结构主导情景下，到 2020 年、2025 年、2030 年，苏州市二氧化碳排放总量分别为 1.92 亿～2.06 亿 t、1.97 亿～2.36 亿 t、1.91 亿～2.49 亿 t。2020 年碳排放强度下降到 0.940～1.106 t/万元，较 2016 年（1.111 t/万元）下降 0～15%；2025 年碳排放强度下降到 0.720～1.058 t/万元，较 2016 年（1.111 t/万元）下降 5%～35%；2030 年碳排放强度下降到 0.546～1.028 t/万元，较 2016 年（1.111 t/万元）下降 7%～51%。

在技术主导情景下，到 2020 年、2025 年、2030 年，苏州市二氧化碳排放总量分别为 2.15 亿～2.21 亿 t、2.61 亿～2.76 亿 t、3.06 亿～3.36 亿 t。2020 年碳排放强度下降到 1.051～1.079 t/万元，较 2016 年（1.111 t/万元）下降 3%～5%；2025 年碳排放强度下降到 0.955～1.008 t/万元，较 2016 年（1.111 t/万元）下降 9%～14%；2030 年碳排放强度下降到 0.876～0.961 t/万元，较 2016 年（1.111 t/万元）下降 14%～21%。

在综合减排情景下，到 2020 年、2025 年、2030 年，苏州市二氧化碳排放总量分别为 1.83 亿～2.01 亿 t、1.78 亿～2.25 亿 t、1.64 亿～2.33 亿 t。2020 年碳排放强度下降到 0.893～0.983 t/万元，较 2016 年（1.111 t/万元）下降 12%～21%；2025 年碳排放强度下降到 0.650～0.821 t/万元，较 2016 年（1.111 t/万元）下降 26%～41%，2030 年碳排放强度下降到 0.468～0.666 t/万元，较 2016 年（1.111 t/万元）下降 40%～58%。

对综合减排高方案下苏州市温室气体排放的"两个拐点"出现的情况进一步分析（图 4-9），可见，在此方案下苏州市到 2020 年二氧化碳排放总量达到峰值，

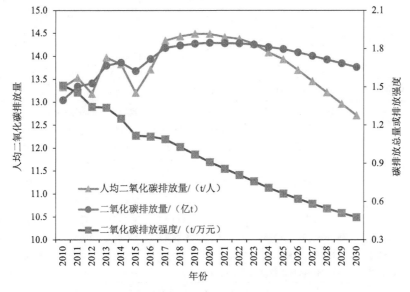

图 4-9　综合减排高方案下苏州市温室气体排放"两个拐点"

峰值约为 1.83 亿 t，之后开始稳步下降。到 2020 年苏州市二氧化碳排放强度将比 2016 年下降约 20%，2025 年比 2016 年下降超过 40%，能够较好地落实苏州市国家低碳试点城市工作的减排目标。从人均碳排放上看，根据现有的数据，苏州市人均二氧化碳排放量在 2019 年达到了最高值，约为 16.897 t/人，2020 年相比 2019 年有所降低。

苏州市已进入经济发展与碳排放相对脱钩的加速期，即碳排放总量增长速度较经济增长速度慢，表现为碳排放强度持续降低。但是，近年来苏州市人均碳排放和碳排放总量持续增长，减排压力不容忽视。根据情景分析结果，随着减排工作的推进，苏州市人均碳排放与排放总量将达到峰值，即拐点出现的顺序依次为碳排放强度、人均碳排放和碳排放总量。

### 3. 减排贡献

根据前述苏州市 2017～2030 年温室气体排放情景分析结果，苏州要想探寻一条既能减缓温室气体排放，又能促进可持续发展的双赢道路，必须要从优化结构、引导需求、提高技术效率等方面努力。为了定量分析选择不同发展途径后对 2030 年苏州市碳排放的影响，进而描绘苏州市走低碳发展之路的路线图，本书依次对结构变化（$E_{structure}$）、消费方式变化（$E_{lifestyle}$）、技术水平进步（$E_{technology}$）带来的碳排放影响进行了分析（表 4-5 和表 4-6）。

表 4-5　苏州温室气体排放情景分析不同途径减排量　　（单位：万 t $CO_2$）

| | | | 2020 | | 2025 | | 2030 | |
| | | | 低方案 | 高方案 | 低方案 | 高方案 | 低方案 | 高方案 |
|---|---|---|---|---|---|---|---|---|
| 消费 | 交通部门 | 减缓汽车保有量的增速 | 122.75 | 157.65 | 219.41 | 290.10 | 332.17 | 403.57 |
| 结构 | 经济结构 | 合理调整三次产业的比重 | 160.41 | 452.49 | 1290.21 | 2681.18 | 4765.75 | 6762.21 |
| | 工业结构 | 优化工业生产结构 | 1699.05 | 2820.09 | 4075.39 | 7102.64 | 7023.84 | 12402.37 |
| | 交通结构 | 优化交通模式 | 111.57 | 111.57 | 61.68 | 61.68 | 4.83 | 4.83 |
| 技术 | 工业部门 | 工业部门总减排量 | 269.36 | 769.90 | 997.11 | 2388.33 | 1903.77 | 4788.78 |
| | | 纺织 | 25.66 | 42.76 | 50.48 | 119.04 | | 198.20 |
| | | 造纸 | 51.62 | 129.06 | 101.55 | 290.15 | 156.41 | 458.24 |
| | | 石化、化工 | 47.45 | 72.20 | 110.73 | 221.70 | 179.64 | 383.63 |
| | | 建材 | 5.98 | 9.96 | 11.76 | 25.34 | 18.11 | 43.36 |
| | | 冶金 | 58.41 | 73.25 | 368.20 | 676.74 | 709.30 | 1673.37 |
| | | 电力 | 66.38 | 414.85 | 309.12 | 977.10 | 670.05 | 1893.25 |
| | 建筑运行 | 建筑物设备效率提高 | 134.73 | 134.73 | 260.96 | 260.96 | 420.37 | 420.37 |
| | 交通部门 | 燃油经济性提高 | 234.25 | 317.67 | 323.21 | 390.61 | 359.93 | 429.99 |
| | 农业部门 | 单位增加值排放降低 | 0.54 | 3.61 | 4.83 | 8.94 | 11.40 | 16.65 |
| 总计 | | | 2732.66 | 4767.71 | 7232.80 | 13184.44 | 14822.06 | 25228.77 |

**表 4-6　苏州温室气体排放情景分析不同途径的减排贡献率**　　（单位：%）

| | | | 2020 | | 2025 | | 2030 | |
|---|---|---|---|---|---|---|---|---|
| | | | 低方案 | 高方案 | 低方案 | 高方案 | 低方案 | 高方案 |
| 消费 | 交通部门 | 减缓汽车保有量的增速 | 4.49 | 3.31 | 3.03 | 2.20 | 2.24 | 1.60 |
| 结构 | 经济结构 | 合理调整三次产业的比重 | 5.87 | 9.49 | 17.84 | 20.34 | 32.15 | 26.80 |
| | 工业结构 | 优化工业生产结构 | 62.18 | 59.15 | 56.35 | 53.87 | 47.39 | 49.16 |
| | 交通结构 | 优化交通模式 | 4.08 | 2.34 | 0.85 | 0.47 | 0.03 | 0.02 |
| 技术 | | 工业部门总贡献率 | 9.86 | 16.15 | 13.78 | 18.11 | 12.84 | 18.98 |
| | 工业部门 | 纺织 | 0.94 | 0.90 | 0.70 | 0.90 | 0.00 | 0.79 |
| | | 造纸 | 1.89 | 2.71 | 1.40 | 2.20 | 1.06 | 1.82 |
| | | 石化、化工 | 1.74 | 1.51 | 1.53 | 1.68 | 1.21 | 1.52 |
| | | 建材 | 0.22 | 0.21 | 0.16 | 0.19 | 0.12 | 0.17 |
| | | 冶金 | 2.14 | 1.54 | 5.09 | 5.13 | 4.79 | 6.63 |
| | | 电力 | 2.43 | 8.70 | 4.27 | 7.41 | 4.52 | 7.50 |
| | 建筑运行 | 建筑物设备效率提高 | 4.93 | 2.82 | 3.61 | 1.98 | 2.84 | 1.67 |
| | 交通部门 | 燃油经济性提高 | 8.57 | 6.66 | 4.47 | 2.96 | 2.43 | 1.70 |
| | 农业部门 | 单位增加值排放降低 | 0.02 | 0.08 | 0.07 | 0.07 | 0.08 | 0.07 |
| 总计 | | | 100.00 | 100.00 | 100.00 | 100.00 | 100.00 | 100.00 |

1）结构变化的减排贡献

（1）合理调整三产结构的减排贡献。

苏州市围绕提升产业竞争力的目标，着力建设以现代经济为特征的高端产业城市，加快形成"三、二、一"的产业结构。随着苏州市经济结构转型升级不断深化，第三产业的比重将不断提高，到 2020 年服务业比重达 54%，2025 年服务业比重达 56%～59%，2030 年服务业比重为 61%～64%，接近欧美发达国家水平。由此，苏州市发展中很重要的一条就是要构建优质、高效、合理的产业结构，这既是经济稳定持续发展的基本要求，又是走向低碳发展道路的根本出路。

与基准情景相比，通过调整三产比重，到 2020 年，在低方案下苏州市工业部门减少 $CO_2$ 排放 242.59 万 t，在高方案下减少 $CO_2$ 排放 559.88 万 t；服务业到 2020 年，低方案下碳排放较基准情景增长 85.08 万 t，高方案下较基准情景增长 110.29 万 t；农业部门到 2020 年高、低方案下较基准情景均减少碳排放 2.9 万 t。其他年份按照同样方法计算。由此，到 2020 年、2025 年、2030 年，调整三产比重能够减少碳排放 160.41 万～452.49 万 t、1290.21 万～2681.18 万 t、4765.75 万～6762.21 万 t。

（2）优化工业部门内部子行业结构的减排贡献。

未来苏州要坚持发展高新技术产业与发展战略性新兴产业相结合，大力发展战略性新兴产业，同时关停淘汰能耗高、污染重、安全隐患多的落后产能，优化工业生产结构。

产业结构主导情景中对优化工业行业结构的分析结果表明，到 2020 年、2025 年、2030 年，苏州市通过优化工业子行业结构，高情景下将带来的碳减排潜力分别为 2820.09 万 t、7102.64 万 t、12402.37 万 t。其中，电力、蒸汽、热水的生产和供应业，黑色金属冶炼及压延加工业，化学原料及化学制品制造业等贡献率占 90%左右（图 4-10）。

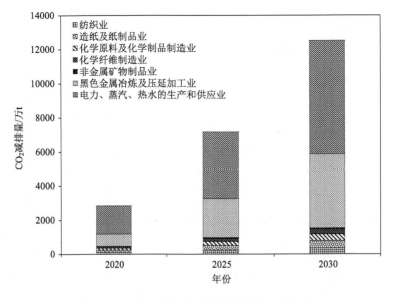

图 4-10　工业主要行业对减排的贡献（高方案）

（3）优化交通结构的减排贡献分析。

大力发展城市公共交通系统。发达国家经验表明，大力发展地铁、轻轨、快速公交系统等公共交通系统，是交通节能的重要途径。从未来城市交通的发展趋势看，要想走低碳经济的发展道路，大城市要建成以大容量快速轨道交通为骨干、地面公交为基础、出租汽车为补充的交通基础设施网络，争取在公共交通、轻轨（地铁）之间形成"无缝"链接，最终形成市区郊区均衡发展、内外交通有机衔接的现代化一体化公共客运体系。

推广清洁能源汽车。大力推进发展燃气汽车的使用，可以在一定程度上缓解能源和环境压力，并能推动汽车产业的可持续发展，是加快汽车产业的优化升级、培育新的经济增长点和国际竞争优势的战略举措。

对优化交通模式减排贡献的分析结果表明，到 2020 年、2025 年、2030 年，苏州市由于优化交通模式可能带来的碳减排潜力分别为 111.57 万 t、61.68 万 t、

4.83 万 t。

2）技术水平进步的减排贡献

除了利用先进高效技术代替落后技术能显著提高能源利用效率外，单项技术的能源利用效率也会随着时间的推进而显著提高。

（1）工业部门。

《国家中长期科学和技术发展规划纲要（2006—2020 年）》中，把工业节能作为重点领域，提出了攻克主要耗能领域节能关键技术的发展思路。本书的技术主导情景中对工业部门技术改进的分析结果表明（图 4-11），到 2020 年、2025 年、2030 年，苏州市由于工业部门技术改进将带来的温室气体减排潜力分别为 269.36 万～769.90 万 t、997.11 万～2388.83 万 t、1903.77 万～4788.78 万 t。其中，电力、蒸汽、热水的生产和供应业，黑色金属冶炼及压延加工业，非金属矿物制品业，化学原料及化学制品制造业，化学纤维制造业，造纸及纸制品业，纺织业等贡献率占 90%以上。电力、蒸汽、热水的生产和供应业贡献最大（在高方案情景下占工业技术减排总量的 40%～54%），其次是黑色金属冶炼及压延加工业（在高方案情景下占工业技术减排总量的 10%～35%）。

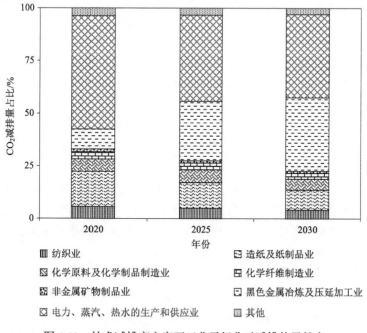

图 4-11 技术减排高方案下工业子行业对减排的贡献率

（2）三产/居民生活部门。

在技术主导情景下，公共建筑、住宅建筑通过优化建筑设计，采取自然通风，选择合理的用能设备，有效降低夏季空调负荷，可以取得明显的技术节能效果。通过有效提高其设备的技术水平，到 2020 年、2025 年、2030 年，苏州市由于公共建筑和住宅建筑技术改进将带来的建筑运行过程中的温室气体减排潜力分别为 134.73 万 t、260.96 万 t、420.37 万 t。

（3）交通部门。

随着民用汽车保有量快速上升，汽车节能将是减缓苏州市交通运输用能和碳排放快速增长的重点。从汽车能源消耗的分布情况看，只有 12% 的车用燃料用于驱动车轮，约 80% 以上的能源则用来克服辅助部件的内部摩擦力和发动机的热力损失。从汽车节油潜力看，采用电子和发动机控制系统技术（缸内直喷、电辅助增压、电动气门、可变压缩比等），选用先进的汽车材料、先进的汽车设计方法来降低汽车的滚动阻力、空气阻力和提高传动系效率等均可取得不错的节油效果，如果各项技术得以顺利推进，汽车节油潜力高达 50% 以上。

本书假定道路交通汽车的燃油经济性改进明显，低方案下，2020 年苏州市机动车燃油经济性相对于 2016 年水平提高 12%，2025 年苏州市机动车燃油经济性相对于 2016 年约提高 16%，2030 年苏州市机动车燃油经济性相对于 2016 年提高 17%。高方案下，2020 年苏州市机动车燃油经济性相对于 2016 年水平提高 17%，2025 年苏州市机动车燃油经济性相对于 2016 年约提高 20%，2030 年苏州市机动车燃油经济性相对于 2016 年提高 21%。那么，到 2020 年、2025 年、2030 年，苏州市由于交通部门技术改进将带来的温室气体减排潜力分别为 234.25 万～317.67 万 t、323.21 万～390.61 万 t、359.93 万～429.99 万 t。

（4）农业部门。

在技术主导情景下，到 2020 年、2025 年、2030 年，苏州市由于农业部门技术改进将带来的温室气体减排潜力分别 0.54 万～3.61 万 t $CO_2$、4.83 万～8.94 万 t $CO_2$、11.40 万～16.65 万 t $CO_2$。

综合以上分析，如图 4-12 所示，到 2020 年、2025 年、2030 年，苏州市由于终端用能技术水平的改进，在高方案情景下带来的温室气体减排潜力分别达到 1255.91 万 t、3048.84 万 t、5655.79 万 t。其中，工业部门技术进步的减排贡献最大，约占 90% 左右，其次是交通部门，农业部门最小。

3）消费方式转变的减排贡献

先行工业化国家的经验表明，一个地区的发展模式存在着明显的"路径依赖"，一旦形成固定的发展模式和消费方式，再进行改变的代价会非常大，并且决定该地区发展模式的关键时期往往是在快速工业化、城市化以及居民消费结构快速升级阶段。当前苏州正处在这一关键时期，面临着"发展路径"选择的问题。

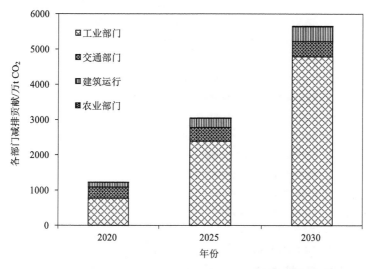

图 4-12　技术主导高方案下各部门的减排贡献

引导合理的生活方式和消费模式，在不影响生活质量提高的前提下，降低能源服务需求，可以从消费端的角度对能源生产、加工转换环节加以调整，达到降低温室气体排放的目的。以下根据前述情景分析的结果，对未来苏州市消费方式变化带来的节能减排潜力进行比较分析。

2019 年，苏州市每千人的汽车保有量为 391 辆（图 4-13），而同期中国为 173 辆，欧美日等发达国家普遍超过 500 辆，其中美国千人汽车保有量居全球首位，高达 837 辆。就算按照美国标准的一半来看，苏州市未来的汽车保有量仍有很大的增长空间。

控制小汽车保有量，引导居民选择低能耗和低污染的出行模式，是转变生活消费方式的重要内容之一，主要的措施包括：①提供更完善的城市公共交通服务，大城市内形成以轨道交通为骨干、公共汽车为主的城市公共交通系统；②通过经济、行政手段，引导居民减少购买小汽车的数量，同时减少私家车的行驶距离，包括征收燃油税、消费税或牌照税，征收进城费或拥堵费，实施交通限行或管制，鼓励"合乘"制等。结构主导情景中对交通部门的分析结果表明，仅考虑控制苏州市传统燃油汽车保有量的增长（图 4-14），在高方案情景下，到 2020 年、2025 年、2030 年将减少碳排放 157.65 万 t、290.10 万 t、403.57 万 t。

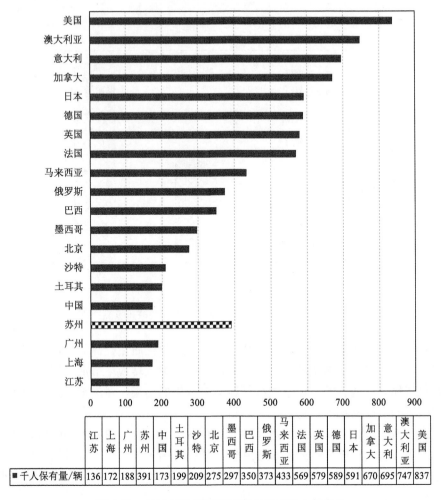

图 4-13　2019 年各国及国内部分城市千人保有量

数据来源：日本汽车工业协会公布的各国汽车各类数据（2019），江苏省、北京、上海、广州、苏州的数据根据统计资料计算

通过以上情景分析结果可以发现（图 4-15），优化生产结构和服务方式，加快技术研发，建设高效、清洁、低碳的能源供应体系、鼓励低碳的生活与消费模式将会取得明显的减排效果。与基准情景相比，工业内部子行业的调整、选择合理的三产结构对减排的贡献程度最大，工业技术提升的减排贡献率次之，之后是消费方式转变的贡献与交通部门技术的提升。

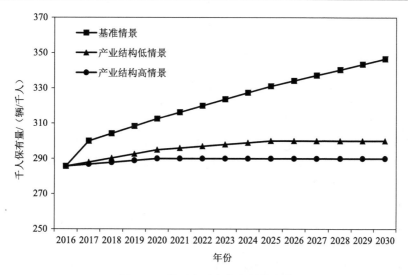

图 4-14　苏州市千人保有量的变化

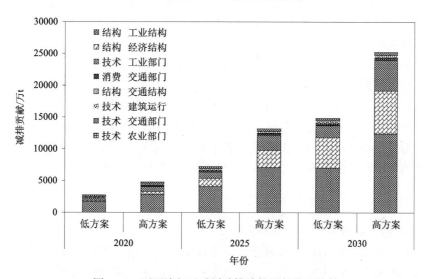

图 4-15　不同途径对减缓碳排放的贡献状况比较

综合以上分析可知，苏州市由于清洁能源及可再生能源禀赋匮乏，尽管长远来看可以通过外购清洁能源等措施优化能源结构，但是在短时期内以煤为主的能源结构不会发生较大的变化，通过能源结构的调整减缓温室气体排放只能作为近期低碳城市建设的助推力量。此外，作为我国社会经济技术最发达的城市之一，苏州市主要耗能行业的技术水平已处于国内甚至国际领先水平。2010 年主要能耗企业的节能改造工作已基本完成，之后通过技术水平提升实现温室气体减排的空间更小。因而，结构调整已成为苏州有效控制温室气体排放、探索东部经济发达地区低碳城市建设模式的首要选择。

### 4.3.3　碳排放总量控制可行性分析

#### 1. 排放总量控制与 GDP 增长的相关性分析

实施碳排放总量控制通常在某种程度上影响经济发展的速度和规模。相关研究成果表明：在相同的减排目标下，越早实行碳减排约束，对实施当年 GDP 的损失越大；随着经济的调整和适应，GDP 的损失减缓并趋于稳定；减排目标越高，对经济和能源系统的冲击幅度越大，持续时间越长；当减排率为 0～45%时，由减排引起的 GDP 损失率在 0～2.5%。

实施总量控制下的碳减排对 GDP 还会产生一定的积极意义，可能带来 GDP 的增长效应。根据对碳减排带来的经济效益进行初步的定量估算表明，每年新增 GDP 将占当年 GDP 的比例为 0.28%～0.42%。其中，尚未考虑投资碳减排后由相关产业链带来的 GDP 的增长情况。参考 McKinsey 减排成本曲线和一些学者的研究成果，减排成本占 GDP 的 1%左右。综合考虑，实施碳减排对 GDP 总量负面影响程度大约为 0.3%～0.8%。

基于上述观点，苏州市在经历了三十多年的高速经济发展后，目前正处于经济社会的关键窗口期，实施碳减排约束，短期内以少量的 GDP 增速损失向低碳发展转型，正契合了苏州市发展的需要。转型期间，优化能源结构，升级产业结构，以及转变经济发展方式，都会在一定程度上影响 GDP 增速，但会使苏州迈向更加可持续的发展路径。而且，随着经济转型的顺利完成，在新的发展路径下会促进诸多新的低碳经济的增长点，最终实现经济社会与环境的和谐发展。

#### 2. 排放总量控制对能源需求的影响

##### 1）与能源需求总量的相关性分析

能源是经济发展的动力和基础，也是衡量居民生活现代化的重要标志。西方发达国家的发展历程表明，当人均生活水平和质量达到现代化水平时，每年的人均能源消费量至少需要 4 t 标准油（美国高达 8 t 标准油），人均温室气体排放量超过 9 t（美国人均约 19 t 二氧化碳）。英国、美国、日本、韩国在经济长期稳定发展阶段，其人均碳排放都曾急剧增加。我国上海、北京、广东等经济发达地区人均能源消费量也已超过 4 t 标准煤，人均温室气体排放量也接近发达国家水平。历史表明，工业化过程的完成，人均累计温室气体排放都要超过 200 t。这表明经济发展对能源需求的增加与温室气体排放之间存在明显的刚性关系，而且是正相关关系。

苏州经济持续高速的发展，从发展阶段上判断，基本上处于中后期的工业化过程, 以实现工业化、信息化和现代化为目标, 苏州市这段时期内对能源的依赖程度仍在上升, 单位产值能耗从 2010 年的 0.187 t 标煤/万元 GDP 下降到 2016 年的 0.172 t 标煤/万元 GDP, 年均下降 1.40%, 能源消费总量从 2010 年的 4601.18 万 t 标煤增长到 2016 年的 5284.41 万 t 标煤, 年均增长率为 2.33%。2016 年, 地区生产总值 15475.1 亿元, 年均增长 9.15%（以 2010 年不变价算）。随着经济社会的发展, 城乡一体化建设进程的加快, 能源需求总量会持续增长, 苏州市的能源消费总量到 2020 年在 5000 万～7000 万 t 标准煤, 2025 年在 6000 万～9000 万 t 标准煤, 2030 年在 10000 万 t 标准煤左右。

2）加快提高非化石能源比例

苏州市一次能源消费总量中, 对煤的消费尤为突出, 以煤为主的结构性特征明显, 2006～2016 年煤炭消费量的年均增长率大致为 4.70%, 原煤消费在苏州市主要能源消费总量占据 45%～53%, 该比例呈现下降趋势, 从 2006 年的 52.86% 下降到 2016 年的 48.74%。苏州可再生资源禀赋匮乏, 无开展大规模非化石能源发电的条件, 导致非化石能源生产和消费量较小, 且较为分散, 主要为分散式太阳能发电、发热系统和小型风能利用系统。我国提出到 2030 年非化石能源占一次能源消费比重提高到 20% 左右。针对苏州的实际情况, 必须加快调整能源结构的进程, 快速发展以太阳能、核能、生物质能为代表的新能源和可再生能源, 并且积极探索增加从区域外输入电力的新能源和可再生能源发电量占比, 提高低碳能源在能源消费中的应用比例。

3. 排放总量控制对产业发展的影响

优化升级产业结构。近年来, 苏州市第二产业增加值稳步增长, 但其在地区生产总值中的比重自 2005 年来持续呈现下降趋势, 到 2016 年末降至 47.03%; 与此同时, 第三产业的增长速度逐年稳步提升, 在地区生产总值中占比也逐年提高, 到 2016 年末增至 51.54%; 第一产业生产总值很小且基本上保持稳定。由此可以初步判断, 苏州市产业结构调整取得一定成果, 工业生产在经济总量中的比重有下降趋势, 而第三产业的蓬勃发展, 基本弥补了工业转型期二产增速放缓对经济总量的影响, 从而保证了社会经济的稳步提升。温室气体排放总量的控制, 将会大力推进低碳化发展, 逐步形成围绕低能耗、低排放、高产出为核心的低碳产业体系。

加速淘汰高能耗、高排放产业。温室气体排放总量控制措施的实施, 将进一步提高产业准入门槛, 挤压高能耗产业发展空间, 落后的技术、工艺和设备的淘汰, 加速淘汰高能耗、高污染、高排放的产业。减排压力、环境成本等因素将会影响如钢铁、石化及化工、建材、纺织等行业的技术改造力度, 以减少能耗和温室气体排放, 从而提升产业能级; 电力行业的压力则是通过淘汰低能效火电机组、推广超低排放技术等来提高发电能效，减少温室气体排放。据统计，在落实节能目标的过程中，2015 年 6 月，全市共关停、淘汰落后产能企业 1747 家；一大批先进适用节能技术在全市范围内得到广泛应用，有效抑制高耗能行业能源消费的增长。2016 年六大行业产值占规模以上工业总产值的比重为 66.15%，比 2010 年下降 12.48%。

低碳产业得到快速发展。碳减排控制，还会推进节能服务、碳金融、碳盘查、碳标识等为代表的低碳服务产业的发展，特别是低碳金融市场的建立，将催生大量减排成本较低的排放实体、金融组织技术开发转让商、经纪商、交易所和交易平台、银行、保险公司、对冲基金及机构投资者以及如质量管理机构、第三方认证机构、信息和分析机构、学术机构、数据库开发等中介服务机构的产生，推动形成以低温室气体排放为特征的产业体系，最终使经济发展方式得到转变。

### 4. 排放总量控制对技术创新的影响

促进低碳技术创新，提高低碳发展的核心竞争力。R&D 投入占 GDP 比重、高新技术产业产值占工业总产值比重是表征一个地区产业技术水平的重要指标。苏州市大力推进以企业为主体、市场为导向、人才为根本，以高等院校、科研机构为依托，加快产学研紧密结合的科技创新体系建设，加大对全市科技的投入力度。苏州市 R&D 投入占 GDP 比重由 2010 年的 2.3%提高到 2016 年的 2.78%，达430.21 亿元，其中企业研发投入达到 361.50 亿元，占全社会研发投入总额的比重达 84%。近年来高新技术企业产值占工业总产值的比重稳定上升，随着高新技术产业的迅速发展和战略新兴产业壮大，2010 年，全市高新技术企业 2731 户，工业产值 9008 亿元，占规模以上工业产值的比重为 36.6%，至 2016 年，全市高新技术企业 4133 户，工业产值 14382 亿元，占规模以上工业产值的比重为 46.9%。高新技术产业已成为拉动苏州工业经济增长新的主导力量，为苏州发展低碳经济提供了有力的技术保障。

低碳发展成本短期内会增加。联合国开发计划署发布的一份报告表明，为实现低碳经济的目标，中国需要 60 多种骨干技术的支撑，其中 40 多种是目前中国不能掌握的核心技术。这意味着需要"进口"近 70%的减排核心技术，这将会增加低碳发展的成本，阻碍经济发展速度并挤压发展空间。在积极应对气候变化，减缓温室气体排放已经成为不可逆转的趋势的背景下，发展低碳经济是实现可持续发展的必由之路，需要把创新低碳技术的压力转化成发展的动力，不断推进苏州市低碳技术创新，才会更好发挥苏州市作为国家创新型城市的作用，为提高我国低碳发展核心竞争力作出苏州贡献。

5. 排放总量控制对就业的影响

低碳发展对就业的影响可分为对直接、间接和引致性就业的影响。直接就业影响指的是通过调整产业结构、投资新技术以及应用清洁产品等导致本行业内部的就业增加或减少；间接就业影响是指本行业投入或产出的变动对于相关的上下游行业造成的就业效应；引致性就业影响是指本行业及相关行业劳动者由于收入和消费变化带动的就业变化。例如直接投资林业、环保产业、新能源等行业能够直接带动这些部门的就业，同时也能够带动与低碳行业投资相关的设计研发、设备制造、技术服务、运输等上下游行业的就业变动。研究表明，提高能效的新技术投资能够直接带动大约 10% 的就业率，剩余的新增就业则来自能源成本下降和相关投资增加导致的间接和引致性就业效应。因此，若能够积极推动技术进步，低碳发展政策将会带来非常积极的就业影响。

低碳发展对不同部门和领域带来不同的就业影响。联合国环境规划署与国际劳工组织发布的《绿色就业：在低碳、可持续的世界中实现体面劳动》的报告表明，能够实现温室气体减排、资源节约和促进就业的重点领域，包括：能源供应行业、交通运输部门、生产制造业、建筑行业、资源回收和利用行业、零售行业、农业、林业等。这些行业不仅减排潜力巨大，而且拥有的绿色就业开发潜力也有较大差异。有研究表明，同样增加 1 t 温室气体排放，工业部门只能带动 0.08 个就业岗位；交通运输等行业可带动的就业岗位为 4.02 个；批发、零售、住宿和餐饮服务业可增加 11.26 个就业岗位；而其他服务业（如社会服务业、技术咨询服务业等）可增加就业岗位 27.77 个。因此，减缓城市温室气体排放总量，会减少传统工业部门的就业需求，同时会带来不少的就业机会，特别是与低碳经济相关的第三产业的就业岗位。

综上所述，实施温室气体排放总量控制，会在一定程度上影响经济总量和发展速度，但长久来看，有利于优化升级产业结构和调整能源结构；推进技术创新，提升核心竞争力；增加就业，促进社会和谐；也有利于实现经济发展方式的转变，推进经济、社会和环境的可持续发展。此外，随着苏州市经济总量的继续增长，理论上，如果能源消费总量的增速小于经济增速，那么，温室气体排放强度将会呈现减小趋势，即有可能完成强度目标。但是，能源消费总量也将持续上升，这将给温室气体排放量的达峰带来挑战。

### 4.3.4　城市低碳发展主要任务

从宏观的层面上说，低碳城市的建设是一个系统工程，可以从以下几个方面出发，制定相关政策法规，促进政府、企业、公众的良性沟通与合作，共同达成温室气体减排、气候变化适应与改善的可持续发展目标。

优化低碳空间布局。合理规划土地开发利用强度，形成多样化的土地利用模式；优化空间格局，提升城乡一体化水平，合理规划产业布局。

加速产业低碳化发展。具体包括：深入推进工业体系转型升级，继续推进传统耗能行业升级改造，提升优势主导产业，促进战略性新兴产业高端发展，着力提升现代服务业、加快建设高效农业，通过鼓励低碳办公、增加企业低碳技能培训、培育企业低碳文化等方式全面促进企业管理低碳化。

转变能源发展方式。具体包括：优化能源结构，优化发展传统能源，合理开发可再生能源；改善用能方式，推进分布式能源管理，建设新能源汽车供能设施；加强能效管理，包含电网智能化管理、合同能源管理、能源管理平台建设、电能管理服务公共平台建设。

引导绿色低碳消费。具体包括：打造低碳交通，包含加快建设基础设施、大力发展公共交通、推广低碳交通工具、推进信息化交通管理、完善交通物流体系、加强交通行业节能监管；推广低碳建筑，包含科学做好城乡建设规划、推进新建建筑节能、加快既有建筑节能改造、推广建筑可再生能源利用、加大建筑运行节能监管力度。

创建低碳社区。具体包括：通过广泛宣传和教育，提升市民低碳意识，以中新生态科技城、节能环保科技产业园为契机，形成低碳硬件教育平台，同时与国内低碳节能科研机构和高校合作，通过开展试点项目、主办相关论坛和会议、参与科研实践项目等，扩大开展低碳工作影响力，促进学校与社区互动合作；培养低碳行为，倡导低碳出行、低碳采购，完善城镇生活基础设施，创建低碳示范社区，并在全市推行。

加快碳汇能力建设。具体包括：增加林木碳汇，提升森林资源总量和质量，加强公益林保护，严格林地林木管理，保护农业和湿地碳汇，推进城市绿化建设；提升气候变化适应能力，将气候变化及其影响因素融入基础设施、农林业、公共卫生、防灾减灾救灾等城市建设与发展工作之中。

### 4.3.5　城市低碳发展保障措施

城市低碳发展涉及城市行政边界内不同区域、多个部门、多种资源，在低碳城市建设进程中，必须从体制机制改革、低碳制度创新、低碳能力建设、低碳技术应用以及低碳试点示范等方面，构建功能高效、可操作性强的保障体系。

体制机制改革。着力构建组织有序、职能明晰的领导体制和组织架构，形成低碳为约束条件之一的经济社会发展决策机制、领导小组统一监管、有关部门配合的综合协调体制、多主体参与机制。

低碳制度创新。构建低碳发展的多元化投入机制、碳排放核查机制（建立用能单位能源消耗数据申报系统、实施重点用能单位能源在线监测、引进碳排放核算软件）、碳排放信息公开制度（出台规范性文件、开展重点企业碳排放信息公开试点示范）、推广低碳认证机制（制定并完善企业低碳产品认证体制、开展试点示范、强化政府激励作用）、探索碳排放交易制度（建立碳排放交易平台、推行碳排放配额制度、政府带头尝试"碳交易"、试行自愿减排协议、碳排放交易支撑体系建设、碳排放交易试点）、低碳发展绩效评估机制（总量目标分解、低碳发展方案制定、评价考核方法制定、落实目标责任制、实行目标奖惩制）。

低碳能力建设。建设温室气体排放数据管理平台（加强温室气体排放核算工作、完善温室气体核算统计制度、加强碳排放路径监管能力）、形成极端气候事件监测预警和防灾减灾体系（加强气候变化风险评估和管理能力建设、极端气候事件预警能力和应急能力建设）、加强国际国内合作与人才队伍建设、推动全民参与低碳建设（加强政府引领和宣教、非营利组织和科研院所的催化作用、鼓励公众参与）。

低碳技术应用。能源利用技术方面，包括在化石燃料使用过程和转化过程中，推广高参数的超临界发电关键技术、整体煤气化联合循环技术、天然气分布式供能技术等；太阳能开发利用过程中，开发和推广分布式光伏发电和大型光热发电成套设备生产技术和集成技术等；生物质能开发利用过程中，推广生物质固体燃料致密加工成型、生物质气化等技术。此外，可行的技术还包括智能电网开发、工业减排技术（如钢铁领域推广煤粉的催化强化燃烧，建材领域重点应用低碳排放的凝胶材料，石油与化工领域发展新型化工过程强化技术，建筑领域注重建筑节能技术集成应用以及节能改造等技术，交通领域开展传统汽车节能减排技术，轨道交通和大型综合交通枢纽节能技术应用研究等）。

低碳试点示范。加快低碳示范园区建设，推进苏州工业园区、昆山高新区低碳试点园区建设；推进低碳循环型物流园改造试点，改善其发展过程中的高消耗、低效率、高排放的问题；积极申报绿色低碳重点小城镇试点示范，加快推进新型城镇化的步伐；积极开展低碳建筑示范，按照绿色建筑标准进行规划、设计、施工及运行，营造绿色健康的低碳生态办公环境；做好市级低碳工作试点示范，积累低碳发展领域有益经验，积极探索和推广苏州在低碳园区建设发展方面的先进路径，推动全社会低碳转型发展。

# 参 考 文 献

王金南, 蔡博峰, 曹东, 等. 2011. 中国 $CO_2$ 排放总量控制区域分解方案研究[J]. 环境科学学报, 31(4): 680-685.

Crawford J, French W. 2008. A low-carbon future: Spatial planning's role in enhancing technological innovation in the built environment[J]. Energy Policy, 36(12): 4575-4579.

Gomi K, Shimada K, Matsuoka Y. 2010. A low-carbon scenario creation method for a local-scale economy and its application in Kyoto city[J]. Energy Policy, 38(9): 4783-4796.

# 第5章 国内外低碳城市发展经验

气候变化及其影响是人类社会发展面临的严峻问题。伴随着城市化进程的加速，外延式增长的城市发展模式已难以适应新形势下的发展需求，城市发展模式面临转型抉择。尽管各国在碳减排责任分担等方面存在争议，城市层面低碳经济的实践已经在全球范围内开展，有力推动了全球应对气候变化的进程。发展低碳城市已成为协调经济社会发展，保障资源能源安全与应对全球气候变化的基本途径。

## 5.1 国外典型城市低碳发展实践

低碳城市建设是促进节能减排和经济社会持续发展的重要战略选择，许多国家的大都市将建设低碳城市作为城市发展目标，关注和重视经济发展过程中的代价最小化以及人与自然和谐相处。作为低碳城市建设的先驱，国际低碳城市的探索给我国提供了宝贵的经验。

### 5.1.1 波特兰——低碳交通城市

#### 1. 背景介绍

波特兰市是美国俄勒冈州最大的城市，并由马尔特诺马县下辖，位于威拉米特河汇入哥伦比亚河的入河口以南。它是美国西北太平洋地区仅次于西雅图的第二大城市，气候宜人，市内公园众多，适合种植葡萄树和玫瑰花，是美国最适宜居住的城市之一。波特兰的地理位置为北纬45°31′12″，西经122°40′55″，总面积为376.5 km²，其中陆域面积347.9 km²，水域面积28.6 km²。

波特兰政府在2015年颁布了气候行动计划，提出到2030年的具体目标，并制定以1990年排放为基础2050年减少80%排放的路径。在短期内，波特兰政府将完成100多个具体行动，并将及时评估进展情况，在必要时进行行动计划的调整和修订。这些行动的对象主要包含建筑和能源、城市形态和交通、消费和固体废物、食品和农业等（Portland Government, 2015）。

#### 2. 具体措施

合理的城市布局。波特兰土地利用计划中的"互联社区"是由不同大小的中心组成的网络，每个中心服务于多个社区，社区内的居民可以步行或者骑自行车到达社区内的商店、学校、图书馆和公园等场所，并且为不同规模和收入的家庭提供不同类型的住房。到目前为止，60%以上的家庭参与到"互联社区"，取得了明显的减碳成果，并帮助当地政府节约相关资金。但是仍有 40%的波特兰居民没有享受到便捷的交通和商业服务，对此，波特兰政府制定了相关行动目标，以改善相应社区的服务，具体包含以下四点：①创建充满活力的社区，80%的居民都可以步行或骑自行车满足日常出行需求，人均汽车行驶里程比 2008 年减少30%；②提高波特兰市区的交通运输效率；③提高乘用车燃油效率到每加仑[①]40英里；④减少 20%的生命周期交通燃料碳排放。

建立完善的交通法规。1999 年正式采用的交通规划法规强调减少对汽车的依赖，并颁布一系列可行有效的计划，包括在未来 20 年内减少 20%的总行驶里程，在未来 30 年内减少 25%的总行驶里程，减少 10%的停车需求。有轨电车项目的成功实施及推广，促使越来越多的市民选择公共交通作为出行工具。2001 年，对珍珠区有轨电车项目的复制见之于其他行政区开发策略。2003 年，交通运输事务处开始研究将有轨电车延伸至劳埃德区和中心东工业区，为轻轨和巴士服务事业提供中转运输对接，并增加 28 个有轨电车车站。大容量公共交通的发展能有效缓解交通拥堵状况，并为街道带来活力。

各交通系统平衡发展。波特兰一直注重城市各交通系统的平衡发展。在一个城市里，必须有一个相对平衡的交通系统，包括公共交通、自行车、步行以及一定程度上的私人汽车。波特兰拥有非常完善的自行车交通系统，致力于建设安全而便捷的自行车道，并使自行车更好地融入公共交通网络，使自行车的使用对公共交通网络的发展起到促进作用。为此，波特兰采取了许多有效的措施，比如重新设计街道，在一些地方甚至废除已有的汽车车道，把它转化为自行车道，在一些桥梁上拓宽人行道，这样就能为自行车使用者提供更多的空间，避免汽车交通堵塞对自行车骑行的影响。波特兰还一直致力于建设安全、方便、连续的步行环境。重点是改善步行环境，提供连续的步行网络，以达到提高步行在短途出行中的比例，提高步行到公交站网的可达性和安全性。2015 年，42%的波特兰工人不独自开车上班，约有 25%的人选择骑自行车、步行或者乘坐公共交通工具上班；约有 7%的人在家工作，约有 10%的人选择拼车出行。

清洁能源的应用。在清洁能源推广过程中，政府积极引导和支持新能源的应用，如波特兰政府通过联合不同社区实现太阳能板的规模安装，以此降低开发商成本以及居民的预付成本，实现以太阳能满足一部分家庭供电的目的。再如，政府积极支持居民对自己的家庭建筑进行改装，以提高能源利用效率。为此专门创

---

① 1 加仑=3.78543 L。

建了一个清洁能源项目，通过该项目，市民可以获得专用装修贷款，用于提高建筑能源效率。此外，波特兰政府每年向 500 家企业提供可持续运营技术援助。2013年，波特兰政府完成了一项试点计划，以提升小型商业体/企业的能效水平，该项计划包括对符合条件的企业开展免费审计工作，并为节能企业退税。该项计划服务了 34 个小型商业体/企业，并提供了价值近 30 万美元的节能改造服务。2015年 4 月，波特兰政府批注了新的《能源绩效报告》，要求拥有 2 万平方英尺①以上建筑面积的业主跟踪建筑的能源绩效，并每年上报此信息。2017 年，波特兰政府公开了各个建筑物的能源绩效信息，并以此指导市场决策，进而提高建筑能效。

### 5.1.2　纽约——绿色能源城市

#### 1. 背景介绍

纽约市位于美国纽约州东南部，是美国第一大城市及第一大港口，纽约都市圈也是世界上最大的城市圈之一。纽约市作为世界一线城市，直接影响着全球的媒体、政治、教育、娱乐以及时尚界。2007 年，纽约市提出温室气体减排目标：到 2030 年，温室气体排放量要在 2005 年的基础上减少 30%。

#### 2. 具体措施

大力推广可再生能源。2016 年，纽约市启动了"纽约市太阳能计划"，这是针对纽约市整个城市的计划，旨在通过在九年内开展社区团体购买活动，增加人们获得清洁、可靠以及可负担的太阳能的机会，并有望将成本降低 10%～20%。自 2014 年以来，纽约市太阳能使用量增长了 6 倍。纽约市实行的"社区太阳能"制度，允许用户通过购买和使用太阳能电池以获得信用，这样即使该太阳能电池阵列属于其他用户时也可以使用，实现了太阳能的共享，惠及纽约市低收入人群。纽约市的目标是到 2030 年，全市范围内的太阳能发电量达 1GW，可为 25 万户家庭供电。但是仅靠纽约市本身的太阳能无法满足纽约市的能源需求，需要新的输电线路连接来自于如纽约州西北部的可再生能源、加拿大的水力发电或近海风力发电等无碳能源，因此纽约市与纽约州当局、监管机构等开展密切合作，确定传输需求，并积极开发智能传输技术。

大力推进绿色建筑项目。2016 年，纽约市扩大现有"商业办公室碳挑战"和"纽约多户住宅碳挑战"的规模，整个计划的规模约占纽约市建筑面积的 9%左右。同时，自 2016 年 4 月起，纽约市开展了"纽约转型加速器"计划（the NYC Retrofit Accelerator），目前该项计划已经覆盖近 4000 座建筑物。这项计划还包含

---

① 1 平方英尺=9.290304×10⁻²m²。

"更好的蒸汽供热"活动（Better Steam Heat），即根据纽约市内不同建筑物的特点，帮助升级其供暖系统。纽约市约有 70% 的大型建筑物拥有这些系统，但由于维护不善，导致能源浪费和公寓过热。因此，纽约市为供热服务公司提供培训，改造升级原有供热系统，目前已经协助 100 多个项目进行升级改造，将供暖成本降低了 15%。此外，纽约市还推出"社区转型改造"计划（the Community Retrofit NYC），主要针对布鲁克林中部、北部和皇后区的中小型住宅。到 2025 年，该项计划预计将对 100 多个建筑物实现改造，并减少超过 150 万 t 的温室气体排放。

实施纽约市清洁车队计划。纽约市实施了清洁车队计划，目的是为了打造美国最大的城市电动车队。目前，纽约市的市政车队中已经拥有超过 1000 个电动汽车车队。通过创新项目开发新技术和替代燃料，2014 年 10 月纽约市布鲁克林启动了首座太阳能电动车充电站，这一新科技的应用可能为纽约提供永续能源解决方案。此外，纽约市考虑减少重型汽车的排放量，计划在重型车中实行更高比例的生物柴油和可再生柴油。为了帮助纽约市私营部门的卡车车队更加绿色化，纽约市开展了"清洁卡车计划"，鼓励卡车运输公司更换或改造 500 辆老旧和污染较重的卡车。

### 5.1.3　东京——绿色建筑城市

#### 1. 背景介绍

东京位于日本本州岛东部，关东平原南端，在明治维新后即成为日本首都，是日本文化、经济、教育、商业、时尚与交通等的枢纽。东京是目前世界上人口最多的城市，是全球最重要的经济、金融和科技中心之一，也是一座拥有巨大影响力的国际大都市。同时，东京还有全球最复杂、最密集、运输流量最高的铁道运输系统和通勤车站群，是世界经济最富裕，商业活动最发达的城市之一。

#### 2. 具体措施

完善排放控制制度。2006 年 12 月，东京都政府宣布，到 2020 年温室气体排放量较 2000 年下降 25%，并在接下来的一年内，出台了《东京气候变化战略》，同时修订了《东京都市环境总体规划》，制定具体的政策措施。《东京气候变化战略》提出在企业部门、家庭部门、城市规划等领域实施新的政策和措施。《东京气候变化战略》主要实行总量控制与碳交易制度、大型企业强制减排和排污交易、针对中小型企业的"应对全球气候变化措施报告计划"、强化一系列城市环境规划体系等（Tokyo Metropolitan Government, 2020）。这些政策和措施在日本国内最具创新性，同时许多也处于国际领先地位。例如，自 2010 年 4 月在日本启动实施的东京碳限额与交易制度，旨在减少与能源相关的碳排放总量，这是世界上第三个碳限额与交易机制，也是第一个针对商业部门的碳限额与交易机制。

大力提升绿色建筑水平。东京是一个高能耗城市，其温室气体排放量相当于挪威和丹麦等国。建筑物的排放是东京总排放的主要来源，而这正是东京都政府针对性地采取主动行动的领域。这些针对建筑领域的措施不仅可以应对快速增长的能源需求，而且也有助于减少东京市和全球城市的温室气体排放。东京市一直在稳步实施政策和措施，以提高新建筑的能效并致力于低碳建筑的设计。2002 年，东京市推出"东京绿色建筑计划"，对所有大型建筑物以及公寓建筑的环境绩效进行评估。东京绿色建筑计划评估结果显示，三分之二的办公楼建筑的隔热效率优于《合理利用能源法》的规定标准，公寓楼性能也在稳步提升。除此之外，这些建筑已经自主实施了更有效的减排措施，如以减少办公室碳排放为目标的建筑物，计划大规模安装太阳能电池板、新的辐射冷却/加热系统以及 LED 照明；即使是拥有最先进碳排放水平的建筑物，某些情况下也对设备进行升级，以减少改造翻新建筑时的碳排放。

创建和推广低碳商业模式。在推广太阳能安装补贴计划前，东京都政府于 2008 年召集设备制造商、房屋建筑商和能源承包商等举行会议，以扩大太阳能的使用规模。通过与这些机构的合作，加上由区和城市分别提供的补贴，显著提升了太阳能的普及速度，使得东京的太阳能发电装置增加了 5 倍。此外，东京都政府还建立了太阳能加热设备的性能认证项目、绿色热认证体系等。促进太阳能统一化论坛的创建，也推动了新商业模式的发展。东京市与青森县于 2009 年 12 月签署意向，达成促进可再生能源的区域间合作协议，目标是由青森县的风力发电厂向东京市的大型商业建筑提供"绿色电力"，并使绿色建筑的生产商和供应商参与到电力市场中，这也为建筑业和开发商创造新的商机。

### 5.1.4　哥本哈根——零碳城市

1. 背景介绍

哥本哈根是丹麦的首都、最大城市及最大港口，是丹麦政治、经济和文化中心，它坐落于丹麦西兰岛东部，与瑞典的马尔默隔厄勒海峡相望。2009 年 8 月，哥本哈根出台《哥本哈根气候规划 2009》，宣布到 2025 年，成为世界上第一个碳中和城市，即通过各种削减或者吸纳措施，实现当年二氧化碳净排量为零。规划提出了分两个阶段实施的二氧化碳减排目标：第一阶段是到 2015 年该市的二氧化碳排放在 2005 年基础上减少 20%，第二阶段是到 2025 年哥本哈根成为世界上第一个二氧化碳零排放城市和全球气候之都。

### 2. 具体措施

改造能源供应。通过能源改造实现哥本哈根 75% 的减排任务。长期以来，丹麦一直都非常重视能源的多样性和节能措施。丹麦是世界上风力发电比例最高的国家，走进哥本哈根，在空旷的海滨和绿地，到处可以见到高大的风力发电机。人们在城里城外还可以看到很多垃圾焚化发电厂，城市垃圾经过 24 道分类筛选程序之后，65% 回收，8% 掩埋，其他全部用于燃烧发电。在过去的十年中，哥本哈根的电力生产已经减少 20% 的二氧化碳排放，但仍有 73% 的能源来自于产生碳排放的石油、天然气和煤炭。因此，哥本哈根要在 2025 年左右实现碳中和，是一个非常具有挑战性的目标。哥本哈根政府提出的能源改造方案包括两部分：一是开发可持续新能源，二是提高能源效率。提出的能源改造措施中，包括使用生物能源（主要是木屑）发电，开发更多的风力发电厂，增加地热能，改造社区供热系统。为有效使用新能源，还计划对整个国家电网进行改造，使其能够将来自于不同地区和不同渠道的新能源并网和储存。尤其是要使电网适应风力发电季节性强、发电量不稳定的特点，将发电高峰季节多余的发电量储存起来，实现全年的均衡稳定供电。

绿色交通计划。发展绿色交通可实现哥本哈根 10% 的减排任务。总的规划目标是建立以自行车出行为主，公共交通为辅，少量私家小汽车为补充的城市交通体系，将哥本哈根打造成低噪音和低污染排放的功能化城市。其中，哥本哈根政府提出到 2025 年，三分之二的哥本哈根市民把自行车作为日常上下班的交通工具。这样，每年将会减少至少 8 万 t 的二氧化碳排放量。《哥本哈根气候规划 2009》中提到 15 项交通改造措施包括：建设更多的自行车道路、桥梁、停放点；建设更加快捷的城市公交系统；要求公交公司减少 25% 碳排放；说服立法机构征收交通拥挤税；某些城市区域实行车辆限行政策，只允许低排放车辆通行；商业区机动车辆禁行政策；通过减少机动车停车位，迫使人们放弃驾驶私家汽车；强制实行拼车和采用降低排放的驾驶技术；迫使出租车公司购买环境友好型汽车；鼓励私人和公交系统购买电池和氢动力汽车，由政府提供便利的充电设施，并免费提供停车位；改造交通指挥系统，使之更加便于自行车和公交车行驶，并通过 GPS 定位系统指示空闲停车位，减少机动车寻找停车位的时间和里程；要求所有市政办公单位的人员，无论是办公还是上下班出行，都要采取环境友好的交通方式；政府机构的车辆一律采用氢能或电动汽车；对城市垃圾运输车辆进行改造，使其达到节能三分之一以上；通过推广节能灯和发光二极管（LED）技术，使路灯和交通指示系统更加节能。从长远的零排放目标考虑，哥本哈根计划未来分阶段淘汰所有燃油机动车，代之以氢能和电动汽车，同时对电动汽车的供电全部来自清洁能源。

节能建筑计划。节能建筑计划承担着 10% 的碳减排任务。通过提高新建建筑物的设计标准和旧楼房的改造，达到降低能源消耗、更好地调节室内空气和降低噪音的目的。早在十多年前，哥本哈根市政府已开始采取措施提高建筑物能源利用效率。建筑物门窗都安装了中间真空的双层玻璃，防止室内热量流失。对供热取暖系统每户都安装了温度调节器和用量表，用户可以根据自己的需求调整供热量，避免不必要的浪费。《哥本哈根气候规划 2009》在建筑节能方面又提出了 10 项新举措，包括：按照对环境有利的方式对所有建筑进行管理和维护，并对旧建筑进行翻新改造；所有新建和由政府资助的建筑物都应按照低能耗的原则进行设计；所有市政部门的租房都应达到节能标准；建立能源基金，将气候措施升级节省下来的资金用于资助未来的项目；对房主、承租人、房屋交易人和咨询机构进行节能减碳方面的培训；在市政府官方网站首页设置"热量路线图"功能，帮助住户和商业经营者获取建筑热量流失信息；市政府与上级政府、地方政府及其工商界展开对话，共同商讨节能措施及其建筑节能带来的经济利益；采取措施鼓励太阳能电池的研发和使用。

### 5.1.5　马尔默——无废城市

#### 1. 背景介绍

马尔默是瑞典第三大城市，位于瑞典南部，与丹麦首都哥本哈根隔厄勒海峡相望。在优越的地理条件下，马尔默市自 20 世纪初开始进入快速的工业化发展时代，造船业和建筑业成为当地的支柱产业。1992 年联合国发起"世界范围内可持续发展行动计划"，瑞典国内对环境的关注到达了一个高峰，开展了一系列的政策与行动来促进社会可持续发展。1994 年，马尔默开始在可持续发展的框架之下实施绿色转型的发展道路，从工业城市向以知识经济与可持续发展为根本的现代综合体转变。1997 年，马尔默通过了地方"21 世纪议程"方案，而"零废弃行动"正是其发展策略中重要的一个部分。

#### 2. 具体措施

面向行为建构社区分类回收空间。社区尺度的分类回收空间主要考虑居民参与分类投放的便利性。首先，居民在家中就需要按照垃圾分类投放标准，按材质将各种废弃包装、餐厨废物、有毒废物进行分类存放。社区中的回收小屋按照就近布局的原则，分布在整个社区内。小屋中显眼的位置贴有简单直观的图文指示，帮助用户了解如何对垃圾进行分类投放。部分新社区采用了自动收集系统，不仅避免了垃圾车在社区内部的通行，也有助于保持社区内的环境卫生。另外，行为规范和文化意识的建构也是促进居民自发进行垃圾分类的重要因素。这种文化意识的建构一方面是通过公共媒体和教育机构不断的宣传教育，另一方面通过社区层面的公众参与和互动来提升居民的环保意识。

城市废物管理系统演变。在城市尺度，马尔默的废弃物管理系统采取了公私合作的经营模式。政府成立的区域性废物管理机构对当地的城市废物收集有一定的垄断性。经过分类回收后的废物进一步的加工运输则通过引入社会资本和私营企业，形成一定的市场竞争。尽管社区内的垃圾收集设施略有差异，但垃圾分类的标准和流向都与马尔默市的城市废物管理系统相衔接。通过引入一些私人企业，废物管理系统的整体效率得以提高。

生产者责任延伸制度。城市废物管理系统有效实现了从社区到处理中心的垃圾分类回收与再利用，但这种方式并没有触及废物产生的根本机制，因此无法从源头扭转废物日益增长的趋势。1988 年，托马斯·林赫斯特在对瑞典环境部的报告中首次提出生产者责任延伸制（extended producer responsibility）的概念，试图通过重新划分废物管理的责任，让生产者对其产品承担更多废物管理的责任，从而激励企业从产品全生命周期的角度，考虑资源效率和环境影响。生产者责任延伸制度的引入，一方面为地方公共废物管理系统增加了一定的资金来源，另一方面促使企业有动力通过改进产品设计和商业模式的创新减少废物的产生，提高材料的可循环利用性。在现实中，一些企业联合起来建立生产者责任组织，共同承担产品废弃后的回收责任。其中一些生产者责任组织的回收体系也进入到社区之中，成为与城市废物管理系统相平行的另外一个废物回收与循环利用体系。

## 5.2　国内城市低碳发展实践

为推动生态文明建设，推动绿色低碳发展，确保实现我国控制温室气体排放行动目标，国家发展和改革委员会（以下简称国家发改委）分别于 2010 年、2012 年和 2017 年组织开展三批低碳省区和城市试点。2010 年 7 月 19 日，国家发改委公布了第一批低碳试点名单，确定首先在广东、辽宁、湖北、陕西、云南五省，以及天津、重庆、深圳、厦门、杭州、南昌、贵阳、保定八市开展低碳试点工作。2012 年 11 月 26 日，确定北京市、上海市、海南省为第二批国家低碳试点省/直辖市，石家庄市、秦皇岛市、晋城市、呼伦贝尔市、吉林市、大兴安岭地区、苏州市、淮安市、镇江市、宁波市、温州市、池州市、南平市、景德镇市、赣州市、青岛市、济源市、武汉市、广州市、桂林市、广元市、遵义市、昆明市、延安市、金昌市、乌鲁木齐市被确定为第二批国家低碳试点城市/地区。

2017 年 1 月 24 日，公布了第三批国家低碳试点城市和区县名单，包括乌海市、沈阳市、大连市、朝阳市、逊克县、南京市、常州市、嘉兴市、金华市、衢州市、合肥市、淮北市、黄山市、六安市、宣城市、三明市、共青城市、吉安市、抚州市、济南市、烟台市、潍坊市、长阳土家族自治县、长沙市、株洲市、湘潭市、郴州市、中山市、柳州市、三亚市、琼中黎族苗族自治县、成都市、玉溪市、普洱市思茅区、拉萨市、安康市、兰州市、敦煌市、西宁市、银川市、吴忠市、昌吉市、伊宁市、和田市、阿拉尔市，共计45个城市（区、县）。

自第一批低碳城市试点工作开展以来，各试点省市认真落实试点工作要求，在推动低碳发展方面取得积极成效。以加快推进生态文明建设、绿色发展、积极应对气候变化为目标，以实现碳排放峰值目标、控制碳排放总量、探索低碳发展模式、践行低碳发展路径为主线，以建立健全低碳发展制度、推进能源优化利用、打造低碳产业体系、推动城乡低碳化建设和管理、加快低碳技术研发与应用、形成绿色低碳的生活方式和消费模式为重点，探索低碳发展的模式创新、制度创新、技术创新和工程创新，强化基础能力支撑，开展低碳试点的组织保障工作，对落实全国层面的低碳发展起到引领和示范作用。

### 5.2.1　北京市

2012年，北京市被确定为国家第二批低碳试点城市。北京市深入实施"人文北京、科技北京、绿色北京"的发展战略，并努力探索适合北京特色的低碳城市建设模式。

#### 1. 基本情况

经济社会发展状况。北京市产业转型发展成效显著，第三产业占全市 GDP比重由2005年的70.1%上升到2019年的83.5%，第三产业已成为拉动北京市经济增长的主要动力，经济增长的质量显著提高。城市服务功能显著提升，截至2018年，北京市共有910条公共交通运营线路，运营线路长度达到19881 km，选乘城市公共交通的人次显著增多；城市绿化覆盖率由2005年的42.0%增长到2018年的48.4%，人均公园绿地面积也从2005年的12.0 m²/人，增长到2018年的16.3 m²/人，增长率为35.8%。生态环境质量有了大幅提升，以大气环境质量为例，城市$SO_2$、$NO_2$年日均值已经分别由2005年的50和66 $\mu g/m^3$，下降到6和42 $\mu g/m^3$，分别下降了88.0%和36.4%。

能源消费利用情况。北京市能源结构不断优化升级，煤炭占能源消费总量的比重逐年下降。2017年，煤炭仅占据北京市能源消费总量的5.65%，比2005年的占比（31.6%）降低了26个百分点。与此同时，包括天然气在内的清洁能源在北京市能源消费总量中的占比大幅提升，2017年，北京市天然气占能源消费总量的比重达到31.8%，说明北京市以煤为主的能源结构已经发生了根本性的扭转。从能耗方面来看，2017年北京市万元地区生产总值能耗为0.26 t标准煤，比2005年的能耗水平下降了63.9%，远低于同期的全国平均水平（0.57 t标准煤）。

低碳工作开展情况。北京市出台了各项总体性规划，如《北京市"十二五"时期节能降耗及应对气候变化规划》《北京市"十三五"时期节能降耗及应对气候变化规划》《"绿色北京"行动计划（2010—2012 年）》，回顾北京已经取得的低碳发展成效、目前面临的问题以及未来发展的目标；从节能降耗方面来看，则颁布了《北京市实施<中华人民共和国节约能源法>办法》《北京市贯彻落实<公共机构节能条例>的意见》《北京市单位地区生产总值能耗考核体系实施方案》《北京市节能减排奖励暂行办法》《北京市节能减排及环境保护专项资金管理办法》等。从产业转型升级来看，颁布了《北京市"十二五"时期工业发展规划》《北京市"十三五"时期工业转型升级规划》《北京市"十二五"时期高技术产业发展规划》等。

### 2. 具体措施

严控高能耗产业增量。为严格控制新增产业，并为"高精尖"产业腾出发展空间，2014 年 7 月，北京发布了《北京市新增产业的禁止和限制目录（2014 年）》，并于 2015 年、2018 年发布了《北京市新增产业的禁止和限制目录（2015 年）》《北京市新增产业的禁止和限制目录（2018 年）》，将新设市场主体向城市发展新区聚集，使得各区产业投资与功能定位更趋匹配，从源头禁止建设钢铁、水泥等高耗能、高排放项目（北京市人民政府，2020）。北京市产业结构不断优化升级，金融、信息服务、科技服务业等高附加值产业对经济增长的带动作用明显。

引导绿色消费。2015 年 11 月，北京市正式实施了第一批节能政策，为期三年。自 2015 年 11 月 27 日起，在北京 21 家线上线下零售企业购买电视机、电冰箱、洗衣机等 9 类产品可享受最高 800 元的补贴；2016 年 10 月，北京市将补贴范围拓展至 12 类商品；2019 年，又将节能减排补贴类别增加至 15 类，扩大了节能类家电的市场占有率。据测算，销售的节能产品每年可节电约 1.6 亿 $kW \cdot h$，引导绿色消费的节能作用明显。此外，北京市每年持续开展"每周少开一天车"活动，根据机动车车主停驶时长和参与活动情况予以奖励碳币。据专家测算，每天少开车 1 km，一年减少的二氧化碳排放量相当于 1 棵 15 年树龄的杨树一年吸收的二氧化碳量；一辆 1.6～2.5 L 排量的机动车停驶一天能够减排 12.4 kg 二氧化碳。

多领域绿色发展。在建筑节能方面，北京市昌平区沙岭新村是全国首个超低能耗住宅区，节能率可达 90%以上；北京市绿色建筑达到近 2 亿 $m^2$，2019 年城镇绿色建筑占新建建筑比重达到 88%。在公共交通方面，北京市全市轨道交通运营总里程达到 699.3 km，新能源车辆累计达到 30.9 万辆，其中新能源公交车达 1.4 万辆，中心城区绿色出行比例达到 74.1%。在工业方面，制定了《北京绿色制造实施方案》，加快工业转型升级，提升绿色发展水平。"十三五"以来，北京市 124 家公共机构开展了数据中心节能改造工程，国家大剧院等 44 家单位成为市级

"能效领跑者"。

## 5.2.2　上海市

2008 年，世界自然基金在北京启动中国低碳城市发展项目，上海入选了首批试点城市。2012 年，上海市被确定为国家第二批低碳试点城市。

### 1. 基本情况

经济社会发展情况。上海市作为我国直辖市之一，经济在不断腾飞的同时，第三产业也得到了快速发展，到 2019 年，第三产业增加值占上海市生产总值的比重达到 72.7%。上海在大气污染防治方面也取得了一定成效，2018 年，烟尘排放量为 2.8 万 t，比 2005 年下降了 75.6%；同时，$SO_2$ 的排放量也呈现逐年下降趋势，2018 年仅排放了 1.0 万 t，较 2005 年排放量下降了 98.1%。

能源消费利用情况。煤炭占上海市能源消费总量的比重显著降低，由 2005 年的 50.4%下降至 2018 年的 28.62%，与此同时天然气占能源消费量比重则呈现显著增长的态势，2018 年天然气占能源消费量比重超过了 10.4%，比 2005 年提高了 7 个百分点。2017 年，上海市万元生产总值能耗为 0.41 t 标准煤，较 2005 年的 1.21 t 标准煤下降了 67%。

低碳工作开展情况。上海市以《上海市节能减排和应对气候变化"十二五"规划》《上海市节能减排和应对气候变化"十三五"规划》等政策文件为主要指导，推进全市生态文明建设和绿色发展总体部署，深入推动上海市节能和应对气候变化工作。每年上海市会印发《上海市节能减排和应对气候变化工作重点工作安排》，明确年度节能减排的工作目标，具体指标包括单位 GDP 综合能耗、单位 GDP 二氧化碳排放量、能源消费增量、二氧化碳排放量、$SO_2$ 和 $NO_x$ 排放量等。此外，上海市制定了《上海市开展国家低碳城市试点工作实施方案》，全面推进工业、建筑、交通、能源等重点领域低碳转型和基础能力提升（上海市人民政府, 2020）。

### 2. 具体措施

积极开展低碳发展实践及试点工作。2011 年，上海市正式启动了崇明县、虹桥商务区、临港地区（产业区和主城区）、长宁区虹桥地区、奉贤区南桥新城、金桥出口加工区、徐汇区滨江地区、黄浦区外滩滨江地区等 8 个低碳发展实践区试点，开展为期 3～5 年的低碳实践活动，具体包括制定低碳发展实施方案、明确支持低碳发展的配套政策、加快建立以低碳排放为特征的产业体系、建立温室气体排放数据统计和管理体系、积极倡导低碳绿色生活方式和消费模式。2014 年，上海市化学工业区、上海市金桥经济技术开发区入选了第一批国家低碳工业园区试点，分别以化工业和汽车、信息通信、现代家电、生物医药及食品为特色产业；

并于 2015 年通过了第二批国家低碳工业园区试点。

大力培育战略性新兴产业。《上海市制造业转型升级"十三五"规划》中明确,上海力争到 2020 年,制造业增加值占 GDP 比重保持在 25%左右,其中战略性新兴产业增加值占 GDP 比重达到 20%左右;而 2015 年上海制造业增加值占 GDP 的比重为 28.5%,战略性新兴产业增加值占 GDP 比重为 15%。这意味着,2015～2020 年,制造业在地区生产总值中的比重将总体保持平稳略有下行,战略性新兴产业占制造业的总比重则需比 2015 年增加 30%左右。因此,上海市以"高端化、智能化、绿色化和服务化"为发展思路,把人工智能、量子通信、虚拟现实、精准医疗等新兴技术及产业体系作为总体发展重点,新一代信息技术、智能制造装备、生物医药与高端医疗器械、高端能源装备、节能环保等九大产业作为具体发展的战略性新兴产业。

优化城市空间区块布局。上海市为推进经济社会与人口资源环境协调发展,统筹优化全市工业区块布局,提升产业发展能级,加强对工业企业的分类指导,提升工业区整体发展水平,推进工业用地节约集约利用。2013 年,上海市颁布了《关于统筹优化全市工业区块布局的若干意见》,其中明确重点规划工业区块以升级为导向,重点发展战略性新兴产业和先进制造业,实施高端发展;规划工业区块外、集中建设区内的现状工业用地以转型为导向,重点发展与新城建设相融合、与产业链相配套的生产性服务业,积极引导城市生活功能转变。

### 5.2.3　南京市

2017 年,南京市入选了第三批国家低碳试点城市。作为低碳试点城市,将围绕碳排放总量控制、低碳示范企业创建、绿色交通及其技术推广等方面开展工作。

#### 1. 基本情况

经济社会发展情况。2019 年,南京市第三产业占地区生产总值的比重为 62.0%,高出第二产业 26 个百分点,第三产业也逐渐成为南京市经济增长的主要驱动力。2019 年,南京市新型电子、绿色智能汽车、高端智能设备、生物医药与节能环保新材料等 4 大先进制造业占规上工业生产总值的比重超过了 70%。

能源消费利用情况。2019 年,南京市工业消耗煤炭较上一年下降了 2.6%,其中电力行业、非电行业煤炭消费量分别下降了 1.6%和 3.8%。从污染物排放量来看,2019 年 $SO_2$、烟尘排放量分别为 1.1 万 t、3.3 万 t,分别较 2005 年的 14.9 万 t 和 4.8 万 t 下降了 92.6%和 31.3%。

低碳工作开展情况。近年来,南京市为推进绿色低碳发展、加快生态文明建设,先后制定了《南京市民用建筑节能条例》《南京市节能监察条例》《南京市餐厨废弃物管理办法》《南京市水土保持办法》《南京市城市照明管理办法》等地方性法规。南京市委市政府也先后出台了《加快转变能源消费结构的实施方案》《南京市控制煤炭消费总量实施方案（2015—2017年）》《南京市人民政府办公厅关于加快绿色循环低碳交通运输发展的实施意见》《市政府关于印发南京市绿色循环低碳交通运输发展规划（2014—2020）的通知》等30多份关于促进低碳发展、加快生态文明建设的政策文件（南京市人民政府，2021）。

2. 具体措施

大力发展城市绿色交通。近年来，南京市在交通领域积极推进"公交都市"建设，大力推广使用新能源汽车，并于2015年获得了C40城市气候领袖奖。截至2015年11月，南京全市已发展各类新能源汽车6044辆，其中公交车2305辆、出租车940辆、小汽车747辆、环卫车100辆、物流专用车413辆等。2017年，南京市发布了《南京市"十三五"新能源汽车推广应用实施方案》，其中明确到2020年，基本实现全市主城区、新城城区公交车新能源化，全市新增新能源汽车5万标准车以上，保有量达13万标准车以上，并新建成充电桩2万根，累计达2.5万根。

持续优化调整工业布局。南京市政府办公厅发布了《关于落实老工业搬迁改造政策加快推进四大片区工业布局调整的意见》，将四大片区搬迁改造布局调整列为"十三五"期间的一项重要任务。南京市对老工业区内分别实施异地迁建、就地改造和依法关停等，对符合南京产业准入要求的项目，引导企业向省级以上重点产业园区聚集发展；加快重点企业搬迁工作，启动南化转型发展实施计划，实施产业链提质增效、油品升级改造计划，加大重点企业去产能力度，引导企业提高产品附加值，提升节能环保标准。

### 5.2.4 苏州市

1. 基本情况

经济社会发展情况。苏州经济运行稳健。2019年，全市地区生产总值比上年增长5.6%（以可比价计算），第二产业增加值增长5.1%，第三产业增加值增长6.3%。人均地区生产总值17.92万元，比上年增长5.2%。苏州2019年全年实现制造业新兴产业产值18000亿元，占规模以上工业总产值的比重达53.6%，比上年提高1.2个百分点。

能源消费利用情况。2019年，苏州市削减非电行业煤炭消费总量513.8万t，完成省下达的目标任务。整治"散乱污"企业6709家，完成72家化工生产企业关闭退出。

低碳工作开展情况。苏州市已列入第二批国家低碳试点城市，苏州工业园区列入国家低碳工业园区试点，昆山高新区和江苏沙钢集团列为省低碳试点。苏州以此为契机，将实现低碳发展作为新时期发展转型的战略新选择。近三年来，每年报送温室气体重点排放单位都超过 600 家、纳入碳市场 80 多家。苏州是江苏省首个连续 5 年开展自主碳核查的城市，累计核查企业近 500 家。

2. 具体措施

改善用能方式。苏州市除了挖掘本地可再生能源潜力，也大规模接收区外清洁能源的输送。苏州锦屏—苏南±800 kV 特高压直流输电工程自 2012 年 12 月 12 日正式转入商业运行以来，已累计输送四川清洁水电 1240 亿 kW·h，最大输送清洁电力 720 万 kW，占苏州 2015 年全社会最高用电负荷的 30%。规划到 2020 年，苏州特高压清洁电力输送能力将提升至 1400 万 kW 左右，占苏州全社会最高用电负荷 2780 万 kW 的 50% 以上。2015 年，国网苏州供电公司实施重点电能替代项目 829 个，增加用电容量 79.58 万 kV·A，实现增售电量 23.15 亿 kW·h。比如，苏州市 2015 年共推广完成 349 台电锅炉，其中姑苏区、工业园区 10 蒸吨以下燃煤锅炉实现全部淘汰，姑苏区成为苏州市首个无煤示范区。

推进重点用能企业绿色改造。2019 年 6 月，苏州工业园区内诞生了苏州市首个"零碳工厂"，该工厂依托餐厨、园林垃圾产生的生物质沼气，冷、热、电三联供系统顺利运行，结合太阳能、风能、生物质能多能互补型综合能源管理系统，实现全部使用新能源，成为苏州市工业园区绿色制造体系的标杆与示范。光大环保能源（苏州）有限公司是以苏州城市生活垃圾为唯一燃料，进行电力生产的环境保护与资源综合利用企业，年处理生活垃圾 150 万 t，上网电量 4 亿 kW·h。光大环保从源头打造绿色企业，建立一系列企业环境管理体系、标准、措施，实现绿色工厂与绿色电力贯穿于企业日常生产管理的全过程。

低碳化生活方式。2018 年，苏州市被确立为"中国城市生活垃圾领域国家适当减缓行动"（NAMA）项目试点城市，全面学习、借鉴国际先进的生活垃圾低碳综合管理经验，探索适合苏州的生活垃圾综合管理方法和减排路径。苏州市通过收集填埋沼气用于发电，大大减少了甲烷气体的排放量；实施焚烧发电提标改造项目，提升处理能力，朝原生垃圾零填埋的目标迈进；全面开展生活垃圾分类工作，提出了"大分流、细分类"的管理模式，将餐厨垃圾、建筑（装修）垃圾、园林绿化垃圾、农贸市场有机垃圾、大件垃圾进行分流，同时细分有害垃圾、可回收物及厨余垃圾，通过对垃圾分类投放、分类收集、分类运输和分类处置，提高了垃圾的减量化、资源化和无害化进程，加强了垃圾减排能力；建立环卫信息化综合管理平台，通过叠加和完善内容，为实现垃圾的低碳管理提供了有力的数据支撑（苏州市人民政府，2020）。

### 5.2.5　武汉市

#### 1. 背景介绍

武汉是湖北省省会，地处江汉平原东部、长江中游，是中国中部地区的中心城市。作为经济快速发展的工业重镇，武汉市在 2015 年第一届中美气候峰会上，提出了 2022 年左右碳排放达峰的雄心目标，比国家的总体目标提前 8 年；并于 2017 年印发了《武汉市碳排放达峰行动计划（2017—2022 年）》，率先以正式文件形式确认具体行动方案。近年来，武汉市政府通过积极开展低碳环保领域的国际合作，不断拓展视野，了解和学习国际新理念和经验，及时结合本地实践调整发展思路。在制定低碳发展目标的过程中，武汉市通过国际合作认真进行碳排放基础研究，并多年坚持实施"蓝天工程"，取得显著成效。

#### 2. 具体措施

明确低碳发展理念。自 2012 年以来，武汉市启动了"武汉市中法碳值评估""中法生态武汉示范城"等多个合作项目，学习国际城市先进的低碳发展经验。积极参与或承办了"中美气候智慧型 / 低碳城市峰会""C40 城市可持续发展论坛""中欧低碳城市会议"等多个高端的国际合作平台。开放的城市发展战略坚定了武汉走低碳和可持续发展道路的信念，促成了对城市碳排放提前达峰的承诺，并为后续武汉市多项低碳发展文件的制定和出台打下了良好的基础。

加强低碳基础研究。在 2012 年国家批准武汉市成为低碳试点城市之后，武汉市发布了低碳城市试点工作实施方案，并启动了温室气体排放清单编制工作。在 2013～2016 年期间，武汉市积极开展国际合作进行数据搜集和调研，设置了三十多个和低碳相关的课题，并委托专业机构进行研究。同时，武汉市完成了"十三五"煤炭消费总量控制方案和政策的研究，通过控制煤炭和石油的消费，限制钢铁、石化、火电和建材等传统高耗能和高排放行业的发展，从而推动武汉市的工业转型。

实施"蓝天工程"计划。武汉从 2013 开始推出"蓝天工程"，即《改善空气质量行动计划（2013～2017）》，设立了严格的雾霾治理目标。随后，武汉市政府每年制定年度实施方案，分解出几十条具体目标和任务，采取全方位措施增加城市清洁能源供应，划定了严格控制高污染燃料使用的区域，并不断扩大禁燃区的范围，限制燃煤设施在不同期限前拆除或者改用清洁能源。《武汉市 2017 年拥抱蓝天行动方案》提出了 2017 年全市煤炭消费总量在 2016 年的基础上削减 100 万 t 标准煤的目标。武汉市先行的"蓝天工程"，为碳达峰行动提供了经验，并通过协同减排大力推进低碳城市建设。

# 5.3　低碳城市未来发展趋势

尽管各城市发展低碳经济的目标一样，都是为了减缓温室气体排放，实现城市的可持续发展，但是，低碳发展没有统一的路径，不同的城市在低碳发展面前拥有不同的选择。而且，当低碳城市发展到一定阶段时，低碳城市的建设将不再是被动的，而是有其存在和发展的内生力量。分析未来中国城市化的关键影响因素，了解未来中国城市发展的基本趋势，对于顺利推进我国低碳城市建设具有重要的意义。

## 5.3.1　低碳城市建设的影响因素

### 1. 资源环境

我国的能源结构呈现"以煤为主"的特点，尽管近年来煤炭占能源消费总量的比重呈下降趋势，但是截至 2019 年仍超过一半，达 57.7%。总体上看，我国煤炭资源丰富、品种齐全、分布广泛；但是区域分布极不平衡，地理分布上呈现西多东少，北富南贫的特点。根据我国资源分布的特点，2014 年国务院颁布了《能源发展战略行动计划（2014—2020 年）》，明确将重点建设晋北、晋中、晋东、神东、陕北、黄龙、宁东、鲁西、两淮、云贵、冀中、河南、内蒙古东部、新疆等14 个亿吨级大型煤炭基地。而煤炭往往是煤炭型城市建立和发展起来的重要基础，这些城市需要提高煤炭资源的开发利用效率，追求绿色 GDP 的增长。

### 2. 经济结构

目前，我国正处于工业化的后期，经济面临着从高速增长向中高速增长的常态的阶段性转换。2013 年，我国第三产业占 GDP 的比重超过了第二产业，意味着我国经济结构出现了具有历史意义的重大变化。从工业产业内部结构变化来看，技术密集型产业和战略性新兴产业发展迅速，增长相对较慢的多是高耗能产业和资源型产业。我国各城市的工业结构都在不断转型升级，但工业化后期工业增长动力趋弱的情况下，需要同时保证工业增速稳定在合理的区间内，劳动力、资本等要素将会趋于乏力，城市未来的经济增长动力将越来越依赖于创新。

### 3. 产业转移

2019 年，我国常住人口城镇化率达到了 60.6%。城市公共交通、城际铁路、高速公路和信息基础设施建设，促使城市群产生并逐步大型化，进一步推动资源和要素向大都市集中，促使城市带状化、网络化发展，促使内地城市的跨越式发展。改革开放，特别是中国加入世贸组织以来，随着中国融入全球经济，发达国家通过贸易将部分中低端制造业的生产制造环节逐渐转移到中国等发展中国家和地区。而对于我国国内而言，由于区域资源环境禀赋和社会经济发展的差异，城市也在不断进行产业调整和布局，东部城市和区域中心城市可能会直接将高碳排放、高能耗的产业转移到欠发达的城市。

### 4. 居民生活意识

城市是人口、经济活动、交通等的集中地，城市居民的生活行为方式是影响城市能源消耗和温室气体排放的重要因素。在重点行业、企业的排放被逐步控制以后，城市居民生活相关的建筑和交通排放将逐渐成为一个重要的排放来源。政府部门需要高度重视，加强城市生态环境建设工程、低碳化社区工程、低碳化城市交通体系等工程的建设力度；对重点单位实行节能改造；广泛开展低碳宣传活动。城市规划建设要以发展绿色建筑为主，绿色建筑的设计规划应该最大限度地节约资源，充分利用太阳能等可再生能源；在建筑材料的选择中，要减少资源的使用，力求资源的可循环利用。

## 5.3.2　低碳城市建设基本趋势

资源环境低碳化趋势。能源结构不断优化，煤炭占能源消费总量的比重将进一步下降，水电、核电、风电等非化石能源占比不断提升。促进终端用能电气化，电能在终端能源消费中的比重延续"十三五"的趋势继续增长。能源消费驱动力加快转换，由传统的高耗能产业逐步转向第三产业和居民生活用能。优化能源供给结构，加快基地型建设与分散式布局，加强天然气供应。我国能源技术多点突破，火力发电和污染控制技术达到世界领先水平，非化石能源发电技术具备较强竞争力（国家发展改革委，2017）。

生态城区区域化建设趋势。2013 年，住建部科技发展促进中心下发了《"十二五"绿色建筑和绿色生态城区发展规划》，明确提出在自愿申请的基础上，确定100 个左右不小于 1.5 km$^2$ 的城市新区，按照绿色生态城区的标准因地制宜进行规划建设。在进一步落实国务院《绿色建筑行动方案》的同时，将绿色建筑引向区域发展、规模化发展。在财政政策的激励下，包括中新生态城在内的 8 个项目已经成为全国首批绿色生态示范城区，每个示范城区获得 5000 万～8000 万元的补贴资金。生态城市从绿色建筑转向城市尺度（10～100 km$^2$）上，从经济、社会、资源、环境等 4 个维度来系统思考和规划，追求生产、生活、生态整体上的和谐发展。

低碳交通趋势。形成绿色交通出行发展模型，提升绿色交通分担率。构建多层次城市交通出行系统，保障绿色出行。深入实施城市公交优先发展战略，轨道交通和 BRT 分别逐步成为大型城市和中小型城市公共交通最主要方式；发展慢行交通和共享交通，从需求源头上减少交通运输系统排放量。加强技术创新，提高交通运输综合能效和减排效率。以新能源汽车为主线，推广应用清洁能源，着力加强节能与新能源装备设备的研发创新，充分挖掘交通运输发展各领域、各环节的技术减排潜力。推动智慧交通变革，构建高效运输模式。大力推进互联网+现代交通发展，以互联网为依托，通过运用大数据、人工智能等先进技术手段，实现智慧交通。

主动适应气候变化趋势。出台城市适应气候变化行动方案，优化城市基础设施规划布局，针对强降水、高温、干旱、台风、冰冻、雾霾等极端天气事件，修改和完善城市基础设施设计和建设标准。积极应对热岛效应和城市内涝，发展被动式超低能耗绿色建筑，实施城市更新和老旧小区综合改造，加快装配式建筑的产业化推广。增强城市绿地、森林、湖泊、湿地等生态系统在涵养水源、调节气温、保持水土等方面的功能。保留并逐步修复城市河网水系，加强海绵城市建设，构建科学合理的城市防洪排涝体系。加强气候灾害管理，提升城市应急保障服务能力。健全政府、企业、社区和居民等多元主体参与的适应气候变化的城市管理体系。

### 5.3.3　主要特点

高效性。城市的发展消耗了大量的资源，也带来了大量的生产、生活废弃物，人们生活的环境面临恶化的趋势。与以往"高投入、高消耗、低产出"的传统城市发展方式不同，低碳城市呈现出"低投入、低消耗、高产出"的发展模式，资源的高效利用将成为城市经济发展的主要模式。未来城市将注重资源的合理利用，保持城市的高效性。

宜居性。宜居性是低碳城市的核心要义，低碳城市将城市的温室气体排放和能源消耗都保持在较低水平，使得生态环境系统没有承载太大压力，城市环境质量保持在良好水平。城市的生产、生活与消费都充分考虑到对生态的影响与后果，实现了经济效益、社会效益和生态效益三者的统一，将保护生态系统作为城市发展和建设的出发点和归宿点，引导城市良性循环和健康发展，提升城市居民的生活质量和幸福感。

循环性。通过物质循环、能量流动、信息传递，将城市的生产与生活、资源与环境、结构与功能有机地联系起来。"资源-产品-回收-再利用"的物质循环流动过程，有助于缓解人类的生产生活活动对自然生态系统的压力，实现人与自然的和谐，使城市在良好的循环状态下满足人类生产和生活需求，各种物流、能流、信息流得以顺畅运行，从而实现城市生态系统的平衡。

持续性。低碳城市坚持可持续发展的思想，在不损害后代人发展权利的前提下，合理地满足当代人的发展需求，寻找代际间的公正和平等，使城市能够持续长久地发展下去。近200年来，伴随着城市的快速扩张和工业经济的迅猛发展，煤炭、石油等化石能源消费量高速增长，带来了环境污染、能源紧缺和气候变化等全球性危机。未来城市将主要依赖清洁能源，实现太阳能、风能、生物质能等先进的可再生能源利用技术的大规模应用。

# 参 考 文 献

北京市人民政府. 2020. 北京市 2019 年国民经济和社会发展统计公报[EB/OL]. http://www.beijing.gov.cn/gongkai/shuju/tjgb/202003/t20200302_1838196.html.

国家发展改革委. 2017. 住房城乡建设部关于印发气候适应型城市建设试点工作的通知[EB/OL]. https://www.mohurd.gov.cn/gongkai/fdzdgknr/zfhcxjsbwj/201702/20170228_230767.html.

南京市人民政府. 2021. 2020 年南京市国民经济和社会发展统计公报[EB/OL]. http://jxw.nanjing.gov.cn/njsjjhxxhwyh/202104/t20210412_2878085.html.

上海市人民政府. 2020. 2019 年上海市国民经济和社会发展统计公报[EB/OL]. http://tjj.sh.gov.cn/tjgb/20200329/05f0f4abb2d448a69e4517f6a6448819.html.

苏州市人民政府. 2020. 2019 年苏州市国民经济和社会发展统计公报[EB/OL]. http://www.suzhou.gov.cn/szsrmzf/tjxx3/202006/e941efbd2a484546b828075691d04449.shtml.

Portland Government. 2015. City of Portland and Multnomah County 2015 Climate Action Plan[EB/OL]. https://www.portland.gov/policies/environment-natural/climate-change/enn-503-city-portland-and-multnomah-county-2015-climate.

Tokyo Metropolitan Government. 2020. Tokyo Climate Change Strategy: Progress Report and Future Vision[EB/OL]. https://www.kankyo.metro.tokyo.lg.jp/en/climate/index.files/Tokyo_climate_change_strategy_ progress_r.pdf.

# 第6章 中国低碳城市建设的展望

低碳经济关系到城市经济竞争力和长远发展空间，是应对气候变化和能源危机、实现可持续发展至关重要的一环。目前，我国低碳城市建设迫在眉睫且任务艰巨。进一步完善与落实低碳指标体系、城市低碳发展规划是构建低碳城市的关键。低碳城市建设的主要任务和重点工程包括产业结构、能源结构、基础设施及空间布局、消费理念与模式的低碳化，以及相应的生态系统与城市碳汇建设。通过低碳城市建设将低碳理念融入经济发展、城市建设和人民生活之中。本章介绍了我国城市低碳建设的背景与现状、低碳指标的科学性与合理性、低碳发展规划与其他规划的兼容性，以及城市低碳建设的主要任务和重点工程及其可操作性。

## 6.1 城市低碳发展的重要性与紧迫性

目前，受气候环境日益恶化的影响，全球对气候变化的严峻性达成了共识，温室气体减排和能源安全将成为影响当今各国发展的重要因素。发展低碳经济、建设低碳社会成为气候变化背景下人类的必然选择。而城市作为全球人口生产和生活中心、能源的主要消耗者，其低碳建设是社会和经济可持续发展、保障能源安全至关重要的一环。

对于中国而言，在近四十年来的经济快速增长中，粗放的发展方式也积累了"不平衡、不协调、不可持续"的问题。发展的驱动力主要依靠五个初级生产力要素：消耗资源、牺牲环境、投资拉动、引进技术、廉价劳力。科技驱动不足、内需拉动不力，依靠这五个要素的发展显然是不可持续的。第二产业在我国经济发展中的占比长期过高，特别是第二产业中的高耗能产业比例过高，这造就了我国高能耗、高碳排的产业体系，温室气体排放迅速增加的同时，也带来了复合型、压缩型的环境污染问题。

随着我国经济步入"新常态"发展阶段，低碳发展也进入了深刻变革的新阶段，低碳发展是实现我国长期战略目标的重大机遇。2020年9月22日，习近平总书记在第七十五届联合国大会一般性辩论会议上指出，应对气候变化《巴黎协定》代表了全球绿色低碳转型的大方向，是保护地球家园需要采取的最低限度行动，各国必须迈出决定性步伐。中国将提高国家自主贡献力度，采取更加有力的政策和措施，二氧化碳排放力争于2030年前达到峰值，努力争取2060年前实现碳中和。生态环境部也明确要求，在应对气候变化、推动经济社会绿色转型发展方面，突出以降碳为源头治理的"牛鼻子"，并以2030年前碳排放达峰倒逼能源结构绿色低碳转型和生态环境质量协同改善。

积极应对气候变化，加快建设低碳城市，关系到城市经济竞争力和长远发展空间，关系到建设"资源节约型""环境友好型"社会的成效。目前，我国仍处于经济转型发展的阶段，低碳发展迫在眉睫，而且任务艰巨。一方面，需要充分利用各个城市不同的特点，加快推进城市建设和产业转型，实现经济社会的持续发展；另一方面，要加大节能减碳力度，有效控制温室气体排放，减少环境污染，确保走出一条环境友好、可持续的绿色低碳发展之路。

## 6.2　低碳指标的科学性与合理性

低碳城市的指标是指能够描述、评价低碳城市的可量度参数，可以综合评价低碳城市发展阶段、发展程度、发展质量。在建立低碳指标体系时，应围绕低碳经济内涵，全面考虑城市经济、社会和生态环境等各个层面及其相互关联性；使得提出的每一项指标能够反映城市在该评价领域的低碳发展状况；需要明确低碳城市指标的科学分析方法与评价方法，确保低碳指标的科学性与合理性（Lou et al., 2019）。

### 6.2.1　低碳城市评价方法

目前，评价一个城市的低碳发展水平时，通常使用主要指标法和复合指标法（付允等，2010）。主要指标法是指选择对低碳城市表征意义最强的又便于统计的个别指标，来描述城市达到的低碳发展水平。通常采用单位GDP的$CO_2$排放量、人均$CO_2$排放量、人均净碳源量等来描述。该方法优点在于可以精准反映城市的低碳水平及碳排放水平的动态变化，计算程序相对简单；缺点则是采用单一指标进行衡量，不能全面地评价城市的低碳发展水平，可能掩盖不同城市的社会经济发展阶段与特征。

复合指标法是选用与城市低碳发展有关的多种指标予以综合分析，以考察城市的低碳化水平。根据本书前面几章的分析，我们知道影响城市二氧化碳排放量的主要因素，除经济增长之外，还包括人口、产业结构、能源消费强度、能源结构或单位能源碳含量等因素。影响一个城市低碳发展的因素是多方面的，不单单是生产领域的问题，还涉及消费、建筑、交通、技术等其他领域。因此，复合指标法具有涉及广泛、考虑全面、可比性强等优点。复合指标法也存在一定缺陷，特别是在如何选取合适的指标、确定指标的标准值以及指标的权重等方面存在争议，常见的一些计算方法如表6-1。

**表 6-1　复合指标法的主要计算方法**

| 计算方法 | 方法阐述 |
|---|---|
| 层次分析法 | 依次确定目标层、因素层、因子层；<br>在指标确定后，邀请专家进行打分，构造判断矩阵，为各个指标进行权重赋值；<br>该方法最明显的缺点是评价过于主观；<br>由于各个指标的标准不同，必须对其进行归一化处理，将不同单位和性质的指标数值标准化，最后形成一个综合的指数，用来评价低碳城市建设的综合水平；<br>适用于对众多城市横向比较 |
| 模糊综合评价法 | 将定性评价转化为定量评价的方法；<br>在低碳城市发展评价中，能较好地解决难以量化的政策行动、增长潜力等定性化描述指标；<br>模糊综合评价法的最显著特点是便于横向比较，还可以依据各类评价因素的特征，确定评价值与评价因素值之间的函数关系 |
| 专家打分法 | 最常见的确定指标权重方法；<br>通过综合分析专家意见最终确定各指标对于目标层的重要程度，专家的水平、构成等主观因素对评价结果影响很大 |

## 6.2.2　低碳城市评价指标

　　一般来说，低碳城市指标主要包括经济系统、社会系统和生态环境系统等 3 个方面的指标。按不同系统来分，经济系统的指标通常包括人均 GDP、单位 GDP 能耗、第三产业比重、居民价格消费指数等；社会系统指标通常从城市化率、人口自然增长率、恩格尔系数、人均汽车保有量、万人拥有公交车数量等指标着手；而生态环境系统指标则包括城市森林覆盖率、空气质量优良天数、低能耗建筑比例、生活垃圾无害化处理率等。表 6-2 展示了一个低碳城市评价指标体系案例。

**表 6-2　低碳城市评价指标体系**

| 总体层 | 状态层 | 指标层 | 单位 | 指标性质 |
|---|---|---|---|---|
| 经济 | 优化经济结构，提高经济效益 | 人均 GDP | 万元 | 目标型 |
| | | GDP 增速 | % | 目标型 |
| | | 第三产业占 GDP 比例 | % | 目标型 |
| | 循环利用资源，提高能源效率 | 万元 GDP 能耗 | t 标准煤 | 约束型 |
| | | 能源消耗弹性系数 | | 约束型 |
| | | 单位 GDP $CO_2$ 排放量 | t | 约束型 |
| | | 新能源比例 | % | 目标型 |
| | | 热电联产比例 | % | 目标型 |
| | 加大 R&D 投入，促进技术创新 | R&D 投入占财政支出比例 | % | 目标型 |
| | | 低碳技术 R&D 投入占总 R&D 投入比例 | % | 目标型 |

续表

| 总体层 | 状态层 | 指标层 | 单位 | 指标性质 |
|---|---|---|---|---|
| 社会 | 培育人们低碳消费理念与方式 | 节能家电使用率 | % | 目标型 |
| | | 低碳消费理念培育程度 | | 目标型 |
| | | 低碳消费宣传力度 | | 目标型 |
| | 提高人们的生活质量 | 人均可支配收入（城市） | 万元 | 目标型 |
| | | 恩格尔系数 | % | 目标型 |
| | | 城市化率 | % | 目标型 |
| | 大力发展快速公交系统（BRT），引导人们利用公共交通出行 | 到达 BRT 站点的平均步行距离 | m | 目标型 |
| | | 万人拥有公共汽车数 | 辆 | 目标型 |
| 生态环境 | 提升整体城市的碳汇能力 | 森林覆盖率 | % | 目标型 |
| | | 人均绿地面积 | $m^2$ | 目标型 |
| | | 建成区绿地覆盖率 | % | 目标型 |
| | 通过低碳设计，降低对气候的影响 | 低能耗建筑比例 | % | 目标型 |
| | | 温室气体捕获与封存（CCS）比例 | % | 目标型 |

### 6.2.3　低碳指标待完善的问题

#### 1. 城市碳排放量的核算

城市是物质和能量开放的系统，会直接和间接产生碳排放。直接排放是以生产侧为计算口径的，所有排放过程都位于区域行政管制边界之内，这对于核算国家或区域层面温室气体排放量较为适用。但是，由于城市是人口、建筑、交通、工业、物流的密集地区，消费的能源和资源可能主要依赖城市以外的输入，以直接排放来表征城市温室气体排放水平时，可能无法准确评估城市对碳排放的影响。间接排放是指以消费侧为核算口径，考虑了全生命周期内产品的生产、加工、运输、消费和废物处理排放量累加，因此间接排放的空间范围一般大于直接排放，间接排放量也高于直接排放。尽管本书在核算城市碳排放时，考虑了城市外购电力的影响（见本书第二章），但是仍没有包括城市完整的间接排放。就城市温室气体核算来讲，核算间接排放的温室气体更为全面，但基础数据获取难度很大。未来随着城市行业排放数据、投入产出数据的不断完善，可以为核算间接排放提供重要的基础数据。

### 2. 核心评价指标的选择

目前，关于低碳城市的评价仍没有统一的指标体系。现有的研究主要从经济、生态环境、社会三方面来划分低碳指标，或者围绕城市经济产出、能源消耗、资源禀赋和政策导向等方面切入。未来低碳发展的核心指标体系应当能适用于每个城市不同的状况和要求，同时兼顾某个城市或地区的特定情况。在选择指标过程中，要尽量选取可定量表征的客观指标，避免人为主观因素的干扰；选取适用于城市间横向比较的指标，可以采用实际值与标准值参照的方法，标准值要考虑与国际标准或国家部门标准对接，实现低碳城市的评估结果与国际城市可比。

### 3. 指标评价体系的优化

城市人口、规模、结构有各自的特点，社会经济发展也各有侧重，应当在通用型指标的基础上，针对不同类型城市建立适合其发展特性的指标，使得衡量是否达到低碳发展的标准体系更为科学和完整。例如，城市的资源禀赋会对能源资源的需求和输入或者输出产生影响，消费型城市、生产型城市，以及以服务业为主的城市，其发展侧重点是不同的；城市空间布局和路网结构会影响居民出行方式和交通运输需求，进而影响城市空间利用效率和城市碳排放水平；此外，新老城市在建设低碳城市时，面临的机遇和挑战也会存在差异。因此，在评估城市的低碳发展水平时，需要建立针对不同类型城市的个性化的评价指标体系。

## 6.3　城市低碳发展规划与其他规划的兼容性

我国是较早提出以可持续发展作为重要发展战略的国家之一，并提出以"科学发展观"为指导，系统性地进行可持续发展社会的建设，从较高层次的低碳社会建设层面对我国城市的低碳发展与建设提出了要求。目前，全国各主要城市已经在积极开展低碳城市、低碳示范区的建设活动。城市本身是非常复杂的巨系统，包括城市的物质空间环境和社会关系总和两个方面。目前，我国仍处于快速城市化进程中，各城市发展状况差异较大。

城市规划是一项长期、复杂的系统工程，即使是发达国家，从规划的实施到实现预期目标也至少需要 30～50 年的时间。低碳城市发展不能简单地停留在发展循环经济、节能减排等内容，低碳城市规划需要建筑、工程、交通、园林、经济等各不同领域的专家互相协作，从前期的系统规划、阶段性方案实施、方案实施后调研评估（温室气体减排效果、公众满意度、项目的经济效益分析、技术的适用性与改进）与二次修订等环节进行详细的周期跟踪调研，确保低碳城市规划顺利推进，符合城市的总体规划方向。

**6.3.1 城市低碳发展规划的功能定位**

低碳城市发展规划是建设低碳城市的重要部分，是在特定经济社会发展状况下，低碳理念及技术与城市空间规划和城市发展规划相结合，对城市进行空间和发展时序的制度性安排。编制城市低碳发展规划，可以有效发挥规划的综合引导作用，通过明确城市低碳发展目标，识别确定低碳发展任务，提出具体保障措施，探索城市低碳发展模式。

目前，我国的城市规划体系主要包含了城市空间规划、城市经济社会发展规划以及各类专项规划，从不同角度对城市的整体建设发展进行规划。低碳城市发展规划是从低碳化目标出发来规划城市的发展建设，因此是单目标指向的，其规划的重点在于城市社会经济的低碳化发展。由于城市空间安排和土地利用指标的配置对城市低碳发展具有重要影响，因此，低碳城市发展规划应该在低碳经济社会发展规划基础上，对城市空间规划和城乡土地利用规划给出方向性规定（楚春礼等，2011）。

编制城市低碳发展规划时，应突出城市能源结构、产业发展、交通系统、建筑设施等重点领域的低碳化发展，在城市整体以及重点领域现状调查的基础上，根据城市未来发展的能源消耗，以及碳排放趋势模拟预测结果，制订合理的城市低碳发展指标体系和阶段性目标，设计规划方案和行动计划，切实为城市低碳化发展实践提供指导。

**6.3.2 城市低碳发展规划的主要内容**

1. 现状与规划基础

全面分析和评价市域生态环境状况、人口资源环境关系、全市经济社会发展水平和发展阶段等重大问题，以及现行城市总体规划实施情况。

2. 低碳发展战略与目标

落实国家和区域低碳发展战略，确定城市战略定位，明确经济社会发展、生态保护、宜居环境建设等目标和发展思路。根据各省下达的减排指标，以城市温室气体排放清单为依据，兼顾地方资源环境禀赋、社会经济发展和产业结构布局，在与各部分充分沟通的基础上，将短期减排任务分配到各区县、部门、重点行业和关键企业。

3. 低碳发展行动计划与路线图

从中远期来看，根据城市可能采取的减排技术和政策管理措施，构建不同社会经济发展、技术水平和政策管理措施组合的情景，评估不同情景的节能减排潜力，结合费用效益分析结果，从中识别出城市碳减排的最优路径。分析城市未来经济和社会发展对碳排放的影响和减排压力、未来可用的碳减排技术和政策管理措施以及技术和政策组合的费用与效益等，在此基础上识别出需要控制的重点区域和开展的重点工程与项目，提出城市未来的经济、产业、能源等转型目标与路径。

### 4. 低碳发展考核评价体系

根据不同城市经济社会发展水平和资源环境条件的差异性，选取符合城市发展特点、可定量化分析和评价的指标，对城市低碳发展规划的实施与成果检验进行有效指导，应重点涵盖碳排放水平、经济能源环境、市民满意度等核心指标。

## 6.4 主要任务和重点工程的可操作性

研究国际上不同类型城市的低碳发展模式，可以为我国城市的低碳发展提供宝贵的经验。但是，不同国家发展低碳城市的模式各不相同，这些模式都是根据各个国家不同的政治结构、城市功能以及城市自身特点所建立的。因此，我们在开展低碳城市建设时，务必要因地制宜，考虑到我国城市自身的社会经济特征，避免原封不动地复制发达国家城市的经验。并且我国不同城市的自然条件、发展基础、功能定位也存在着差异，低碳城市的发展模式也会有所区别。

### 6.4.1 产业结构的低碳化

产业结构是决定经济增长方式的重要因素，是衡量经济发展水平和体现国民经济整体质量的重要标志，也是影响能源需求的重要因子。以钢铁、有色、石化、电力等工业为主的高耗能产业，往往是影响我国城市碳排放水平的关键行业。因此，要降低我国城市碳排放水平，需要限制城市高耗能、高排放产业的发展，同时也要推动生产方式创新，以循环经济、资源节约型经济改造传统产业，培育新型产业、高新技术产业，提升我国产业在国际分工中的地位。尽管产业结构的低碳化转型有利于我国城市社会经济的长期可持续发展，但是可能会给市场带来一定的短期波动，短期内可能会对经济增长产生负面影响，甚至引起劳动力市场的结构转型和波动，而深挖技术创新的减排潜力，也会面临短期内减排成本上升的严峻挑战。

### 6.4.2 能源结构的低碳化

优化能源的生产和消费结构，提高能源利用效率，加快开发利用可再生能源，逐渐构筑稳定、清洁、经济、安全的能源供应体系，是今后我国低碳城市建设的重要任务。由于城市间可再生能源禀赋的巨大差异性以及太阳能和风能等本身的间歇性，提升发电、储存和传输系统等多方面的技术水平和管理手段以满足供需的灵活性和可靠性是必然选择。可再生能源禀赋高的城市要增加生产量，充分挖掘可再生能源潜力；可再生能源禀赋低的城市要通过电网输入，增加消费量，助力能源系统整体的脱碳。

此外，在城市内部，分布式能源将是未来城市能源的重要发展趋势。由于太阳能等低碳能源的低能量密度以及城市建筑的紧凑，城市内的近地大规模集中生产难以实现。因此，城市建筑表面（如屋顶）的分布式光伏发电是分散产能、推广可再生能源、最大化资源利用效率和效益的有效方式（陈奕颖, 2013）。

### 6.4.3　基础设施及空间布局的低碳化

城市的各种基础设施等一旦建成，在短期内很难改变，存在一定的"锁定效应"。因此，需预先做好城市基础设施的总体规划，保证城市基础设施设计的低碳化。构建低碳化的城市空间布局，则要大力推动实现土地利用功能的复合化，提高土地利用率。优先发展非土地依赖性产业，降低交通、工业用地比重。城市空间布局采取分散组团格局，适度配置各地块、各组团的人口规模，避免人口密度过大造成的资源环境压力（龙惟定等, 2010）。

实现城市交通的低碳发展，通过城市规划实现目的地短距离可达性；实施公共交通走廊式发展，通过提供舒适、方便、安全、快捷、准时的公共交通服务，逐步提高公交出行比例。鼓励使用清洁能源和小排量汽车、提倡拼车出行、应用智能交通系统等，提高交通出行效率，减少交通排放。

发展低碳建筑方面，首先，逐步提高新建建筑的能效标准并加强监管，确保标准的实施。其次，通过节能改造提高既有建筑的能效状况，尤其是北方采暖地区住宅和大型公共建筑。再次，加强可再生能源（譬如建筑太阳能）在建筑中的应用，特别是在城市层面的综合推广（宋雅丽和张琼, 2015）。

### 6.4.4　生态系统与城市碳汇建设

在各地低碳城市建设中都强调多渠道加大对林业及生态系统的投入力度，大力发展碳汇林业，促进低碳城市建设。充分考虑植物生长水平，提高植物的蓄积量；提高绿地系统或林地系统的多样性和复杂性，完善其自运行、自维护的功能；同时，重视非工程手段，维护和引导自然林地正向演替，人工生态系统与自然生态系统互惠共生。

### 6.4.5　消费模式的低碳化

居民在低碳城市发展过程中发挥着重要的作用。随着我国居民的生活水平不断提高，市民的消费能力持续快速增长，需要继续加强低碳科普和宣传教育，开展低碳社区建设等，提升居民节约资源和综合利用的意识，树立低碳消费观念。此外，在低碳城市发展过程中引入公共参与机制，主要是引导公众直接或间接参与低碳城市的政策制定和实施过程，包括城市规划的构想、评估、决策和实施过程。公共参与的机制可以将广大民众的想法和意见反映到低碳城市规划的过程中去，从而使低碳发展规划更加全面。而且，公众在参与城市低碳发展规划过程中，可以更加深入地理解低碳的概念，了解低碳发展的重要性和紧迫性，增强参与城市低碳建设的责任感。

# 参 考 文 献

陈奕颖. 2013. 分布式太阳能光伏发电在城市建筑中的可行性研究[J]. 城市建设理论研究(电子版), 000(29): 1-3.

楚春礼, 鞠美庭, 王雁南, 等. 2011. 中国城市低碳发展规划思路与技术框架探讨[J]. 生态经济, (3): 45-48.

付允, 刘怡君, 汪云林. 2010. 低碳城市的评价方法与支撑体系研究[J]. 中国人口·资源与环境, 20(8): 4.

龙惟定, 白玮, 梁浩, 等. 2010. 低碳城市的城市形态和能源愿景[J]. 建筑科学, (2): 7.

宋雅丽, 张琼. 2015. 中国低碳城市建设研究综述[J]. 城市建设理论研究: 电子版, 5(33).

Lou Y, Jayantha W M, Shen L, et al. 2019. The application of low-carbon city (LCC) indicators – A comparison between academia and practice[J]. Sustainable Cities & Society, 51(101677).